## 作者简介

**易 艳** 中共北京市委前线杂志社研究室编辑。中国人民大学新闻学院传播学硕士、传媒经济学博士。参与国家社会科学基金项目"提升中国互联网国际传播力研究"等多项国家级课题。参与《北京市推进全国文化中心建设中长期规划（2019年—2035年）》《关于新时代繁荣发展首都文化的意见》的起草工作。参与撰写由伍刚主编的《传统媒体和新兴媒体融合发展的愿景和路径》（社会科学文献出版社2014年版），是《马克思主义新闻观百科全书》（中国人民大学出版社2018年版）的作者之一，发表学术论文多篇。

# 传播机制中的情感因素研究

易　艳◎著

人民日报学术文库

人民日报出版社·北京

图书在版编目（CIP）数据

传播机制中的情感因素研究／易艳著. —北京：
人民日报出版社，2020.4
　ISBN 978－7－5115－6385－9

　Ⅰ.①传… Ⅱ.①易… Ⅲ.①传播学—研究 Ⅳ.
①G206

　中国版本图书馆 CIP 数据核字（2020）第 059200 号

书　　名：传播机制中的情感因素研究
　　　　　CHUANBO JIZHIZHONG DE QINGGAN YINSU YANJIU
著　　者：易　艳

出 版 人：刘华新
责任编辑：梁雪云
封面设计：中联学林

出版发行：人民日报出版社
社　　址：北京金台西路 2 号
邮政编码：100733
发行热线：（010）65369509　65363527　65369846　65369828
邮购热线：（010）65369530　65363527
编辑热线：（010）65369526
网　　址：www. peopledailypress. com
经　　销：新华书店
法律顾问：北京科宇律师事务所（010）83622312
印　　刷：三河市华东印刷有限公司

开　　本：710mm×1000mm　1/16
字　　数：149 千字
印　　张：15
版次印次：2020 年 4 月第 1 版　　2020 年 4 月第 1 次印刷

书　　号：ISBN 978－7－5115－6385－9
定　　价：89.00 元

# 序言
# 作为关系表达的内容：学术探讨的当务之急

喻国明①

马克思和恩格斯在讨论各民族交往心理时，曾多次谈到"情感因素"的中介作用，认为它在传受双方的互动中，具有调节、甚至决定性的效果。传播学的经典研究也表明，在人与人的互动中，事实和逻辑因素所发生的影响，通常只占20%左右。而一些非逻辑、非理性的因素，如姿态、表情、语气等，却能发挥其余80%左右的作用。

一直以来，人们提到内容，都是将其理解为"作为资讯与知识传播的内容"，而对于"作为关系表达的内容"则极少关注。所以，在传统的理性主义范式占据主导地位的学术研究领域，情感因素因其非理性、不易测量等特质，长期被排斥在主流研究议

① 喻国明：教育部长江学者奖励计划特聘教授，北京师范大学新闻传播学院执行院长，中国新闻史学会传媒经济与管理专业委员会会长。

题之外。实际上，正是因为忽视了情感因素对社会结构、社会系统的介入，忽视了情感对社会关系的生产和再生产的作用，才导致了用理论指导人类社会实践时，常常遭遇失语、失效的窘境。这一点，对于被视为"情本位"国家的中国来说，更为明显。

本书作者将情感因素作为研究对象，是在传播学领域尚未出现相关系统理论研究，而在互联网的语境下已经涌现了大量相关现象的背景下开展的。围绕情感因素是什么，存在哪些值得借鉴的理论研究成果，如何在传播学领域展开运用这条研究主线，该书借助跨学科视角，通过多领域、多语种的文献梳理，为情感因素的描述性研究，爬梳出物质、科学和文化三个维度。作者通过将已有理论与经验观察相结合，为情感因素的应用研究提炼出四种具有较大社会动员能力的情感类型。通过将情感因素的应用场景分为个人和群体两个视角，深入探讨情感的传播功能和社会功能。

众所周知，以"连接与再连接"为主要赋能方式的互联网的发展激活了个人的表达、增强了社会关系的互动，这就更为凸显了"关系"在信息传播中的关键地位。研究表明，"内容即关系"。传播的本质是寓于传播关系的建构和传播主体的互动之中的。传播是社会关系的整合，并且关系总是按照自身的意志来裁剪传播内容的，传播是通过一种被传播的内容来反映或说明一种关系的。也就是说，传播即关系，而关系决定内容，内容又体现着关系。

正如，内敛含蓄的中国人通常不会直言"我爱你"，而是用重复的叮嘱、严厉的教导、深邃的眼神来表达对父母、对子女、对爱人亲友的情感，所以说，有时啰嗦是疼爱的表示，有时严苛是关爱的外衣——这些内容就其资讯含量而言是少之又少的的表达，实际上是对于关系触达的一种强化。不论是语言或文字表达的方式，还是非语言行动表达的形式，作为关系表达的内容，虽然信息本身具有非理性的、非逻辑性的特点，但却有着关系认同、节点交互、情感共振、消弭"鸿沟"的价值属性，其效果相关内容可以经由这一关系表达的路径而"入耳、入脑和入心"的，这就是作为关系表达的内容——关系型内容，其类型可以概括为以下三种。

1. 社交型关系表达——以关系为核心的聚合

美国社会学家格兰·诺维特提出：人际关系网络可以分为强关系和弱关系。强关系即有很强的情感因素维系、交往的人群从事的工作和接受的信息趋于相似；反之，弱关系是没有太多感情维系的人际交往、社会网络异质性较强，人与人的关系并不紧密。互联网技术的发展让传统的面对面的社会交往突破了时间与空间的限制，将散落的社会关系聚合在一起，这不仅是现实社会强关系的网络化迁移，还是线上弱关系的强化。正如微信通讯录是现实社会关系的移动网络的迁移，微信平台是一个强关系聚合的平台，而微博则是真实与匿名共存的平台，汇集各类信息、满足不同兴趣需求，这两大平台的共同之处就是聚合关系的社交表达平台。

2. 嵌入型关系表达——以关系为节点的嵌套

"嵌入性"这一概念最早由经济学家卡尔·波兰尼在《大转型》中提出，他认为，人类的经济活动嵌入并不缠结于经济与非经济的制度之中，个体行动者既不会外在于社会环境，也不会固执的地坚守既有的社会规则与信条，而是"嵌入"到具体的社会关系网络之中。前文所提到的强关系与弱关系是格兰·诺维特对嵌入概念的发展与分类——关系嵌入，他认为，另一种是结构嵌入，能够反映"个人或部门之间联系的配置模式"所形成的关系就是社会嵌入关系，它具有社会交往、多重属性、互惠、奉献、利他以及高的推出退出成本等特征。因此，与社交型关系表达的不同之处在于，嵌入型关系表达不仅连结关系，还为社会关系、社会人群建立了功能聚合的内容产品与服务。抖音APP利用算法为用户推荐感兴趣的内容，用户在原有的社会关系上，增添了新的身份、组成了新的群体。除了可以浏览视频、在线直播，还可以分享好物与购物链接，一键点击便可跳转到购物平台，这就是嵌入型关系表达的内容。

3. 认同型关系表达——基于情感认同的共振

伴随着互联网和社交媒体发展而来的，是个体意识的崛起和情感认同的强烈需求，根据马斯洛的需求层次理论，网络空间的自由与开放可以使人们根据个人的兴趣与需求在虚拟的网络社会中找到"组织"，并通过交流与创造获得群体认同和精神归属，实现自我价值。① 这是一种基于情感的认同，是超越了简单社交层面的一种更深层次的关系表达。豆瓣网是典型的以趣缘关系为基础的平台，用户因为某些共同的兴趣展开交流，像影视剧、图书、音乐等。在微博应用中，用户通过话题、感兴趣的人、粉丝、标签、评论、转发等方式交流互动，由此产生了认同型关系表达。

以上就是我阅读了易艳论文的粗浅体会。我一直认为，粗糙的创新远比精致的圆熟更可贵。一篇真正意义上的研究成果，永远是和时代发展的现实问题单联系在一起的。对情感因素的关注，既是马克思所谈到的"人的全面发展"的应有之义，也是充分挖掘中国文化特点，构建具有中国特色哲学社会科学话语体系的有益探索。该书的价值并不在于它的圆融精致，恰恰在于，它在较为空白的领域，迈出了必要的一步，为互联网语境下的传播学基础性研究，提供了一个可供参考的研究案例。

---

① 陈先红. 论新媒介即关系 ［J］. 现代传播（中国传媒大学学报），2006（03）.

# 摘　要

　　情感转向的议题属于社会科学和自然科学的前沿。一般而言，哲学、伦理学、心理学、美学奠定了情感研究的理论基础，社会学、人类学、国际关系学、脑科学、认知神经科学、应用计算机领域和人工智能等领域的相关成果代表着情感研究的最新发展。后者由于起步得较晚，研究对人类情感的研究尚处于探索阶段，因此通过打破专业壁垒，进行科学与人文不同思维上的充分对话，共享研究成果，成为这些领域开展情感研究的常见路径。

　　传播学是从人类交往的层面研究"人"的学科，有关注受众心理（包括情感）研究的传统。勒温曾运用实验人类学的方法，在模拟日常生活的实验环境中探究出群体动力的变化规律。霍夫兰则通过结构严密的定量实验与定性的焦点访谈相结合的方式，开展了影响深远的说服研究。当今的传播学者在研究受众心理时更多继承了实验研究的传统，通过日记法、眼动仪、皮肤电（GSR）、心电图（ECG）、肌动电流图（EMG）等研究方法和工具，从长期和即时两个维度，对受众接收习惯、传播效果等进行了有益的探索。

但受众心理研究并不完全等同于情感研究。在很长一段时间里，围绕受众心理的研究主要是在态度和行为的框架下展开的。态度一方面决定行为选择，另一方面受制于大脑中信息加工的过程。情感与态度、行为看似没有直接相关的关系，但是情感通过在人脑信息加工过程中发挥关键性作用如调节注意、决定注意力的持续时间和强度等方式，间接作用于态度和行为。换言之，情感是影响态度和行为的重要变量。

总体来看，围绕情感议题的研究大致可分为个人、社会、文化三种视角。传播研究虽然均有所涉及但是不够深入，多是描述性的、感想性的，缺乏深刻、扎实、严谨可靠的理论基础。事实上，无论是个人情感还是群体情感，其发生、发展都不仅与偏好相关，还受到传统文化的历史积淀作用和社会结构的进化选择作用等影响。这些都是用定量的研究方法较难反映出来的。为了弥补传播学在情感因素研究方面的不足，本文采取思辨的方法，在传播学已有的研究基础上，采用跨学科的视角，综合整合各个领域有益的分析框架和研究成果，力图为传播学研究的情感理论奠定一个初步但可贵的基础。

本书的研究架构分为理论建构和理论运用两个部分。第一章首先对情感的生物基础、心理学、社会学中已有的研究进行梳理，并选择出与传播应用最为相关的理论进行重点论述。其中，情感的生物基础为情感的演变提供了一个物质的视角，还原了情感在人类进化过程中起到的基础作用，有利于去除科学研究中对人类情感的偏见。情感的心理基础是情感研究的深化，心理学也是情感研究的大本营，其刺激—唤起模式成为本书论述情感与传播要素结合（第五章）的分析框架。与情感的心理学研究侧重个人视角不同，情感社会学的研究更关注情感产生的社会根源、情感的社会功能与意义等。从社会学的研究来看，情感视角是其从宏观走向微观的标志，但从情感研究本身来讲，社会视角的介入则可以看成是情感研究从微观向宏观转型的标志。情感社会学从社会结构、制度、角色、行动、权力等多个方面对情感做了回归社会语境的解读，为群体视角下的情感传播（第六章）奠定了相关的理论基础。

第二章重点梳理了自然科学领域对情感研究成果的最新运用。实践是检验真理的唯一标准，本章一方面是对第一章的部分研究理论进行了检验，由此选取被实践检验过的研究结论；另一方面通过对科技动向的把握，为传播机制中情感因素的深化研究提供一个方向性的参考。

第三章从情感观的变与不变、中国人的情感结构这两个维度，探讨情感研究的文化基础。

第四章重点论述了传播领域中的四种主要情感：同情、爱、正义和审美。本书从四种情感的生物基础、产生机制、社会功能和意义等多个方面进行了解析，并做了合中国语境的解读阐释。在这四种情感中，同情和爱属于人类最基本的两种情感，是复杂情感演化的起点。正义感是传媒领域关注度较高的道德情感之一，需要说明的是正义感在西方是与道德分开的，但是在中国两者是混合的，本章对此展开了具体的分析。而选择美感不仅因为它是消费社会的主要内容，而且也是中国人最重视的情感之一。辜鸿铭认为，中国对审美情感的重视程度超过道德情感和宗教情感。上述四种情感的选择是在笔者对大众媒体，特别是互联网媒体观察的基础上获得的，具有一定的主观性，但这也是情感研究的普遍现象。情感研究者大多是结合自己所要谈论的主题，对自己认为的与主题相关的几种情感进行重点分析。例如加罗法洛在分析罪犯情感时重点谈论了仁慈感、怜悯感、正义感等。本章聚焦的这四种情感既可以看成是传播娱乐功能的情感基础，又可以看成是通过传播进行社会控制的情感基础。

本书的第五章、第六章主要是对已有理论研究的运用，分别从个人视角和群体视角两个维度展开。第五章从个人视角，结合读图时代的时代背景，重点将情感与声、像的传播机制进行了结合，同时将中国的传统文化作为无意识情感的理论基础予以重点阐释。第六章从群体视角主要以群体事件为背景做了重点分析。选取这些分析要点的依据有两点：1. 在情感研究领域有一定基础；2. 情感因素较为集中的传播领域。

　　本书的意义在于首次对传播机制中的情感因素进行了系统集中的探索，并且这种探索主要谋求传播问题的解决。研究过程中发现了很多有价值的点，为进一步的深入研究打下了基础。

　　关键词：情感　传播　个人视角　群体视角

# 目 录
## CONTENTS

# 绪 论

## 0.1 选题背景

情感问题既是关于人类生存发展的古老议题，又是人类在不断进行的自我探索中所遇到的前沿课题。

在人类生命之初，面对变幻莫测的大自然，正是恐惧情绪的存在，才使得人在与原始环境的"作战"中，时刻保持清醒，成功维持了生命的延续。伴随着人类社会的不断进步，人类的情感也日臻复杂、精致起来。许多原始情境下的基本情感开始进化出成分更为复杂的复合情感和高级情感。从积极的一面来看，这些新生的情感以或明或暗的方式维系着社会的团结，支撑着社会的发展不断向前。

在社会科学的研究中，不乏对各种社会机制中的情感因素感兴趣的研究者。例如关注情感的社会意义的研究者温特沃斯认为，人是社会性动物，重视群体生活。因此对于群体分离后的孤独感，以及来自群体的情感惩罚如孤立等，充满着恐惧和焦虑。这一点对于社会控制有着重要的意义。此外，就科学研究本身而言，情感作为精神的动力机制，为研究者攻关克难，勇攀科学高峰提供了强大的精神支撑。爱因斯坦曾经说过，画家、音乐家、诗人、思辨哲学家和自然科学家只是把"宇宙秩序及其构成作为他感情生活的支点，以便由此找到他个人狭小范围里所不能找到的宁静和安定"。

传播学是一门从人类精神交往的角度研究"人"的学科，其关注受众心理的传统一直蕴含着对人的情感进行深入研究的基因。20 世纪 20 年代，德裔美国心理学家、拓扑心理学的创始人、传播学者库尔特·勒温以群体行动作为研究对象，通过将实验室尽量还原成人们日常的生活场景①，观察被试在仿自然状态下，接触到刺激时的反应的方法，得出了著名的场论，并由此完成了一系列震撼社会心理学界的群体动力学研究。后来耶鲁大学著名学者、实验心理学家霍夫兰在"二战"时以美国士兵为研究对象，通过结构严密的定量实验与焦点访谈相结合的方式，开展态度与说服研究，得出了影响深远的说服性传播理论。当今传播学者在既有的基础上，运用日记法、眼动仪、EEG、GSR、EMG 等生物

---

① 罗杰斯认为勒温这一做法开创了实验人类学的新路径。

学测量仪器，从长期和即时两个维度，对受众接收习惯、传播效果等进行全息视角的探究。上述这些都显示了传播学对探索人内心世界生成或变化的原因、机制、规律的孜孜追求。进入 21 世纪，伴随着互联网对人类社会从基础设施到顶层设计的全面影响，从社会结构到个体精神，从尊重个人的主体性地位到个人情感的全面释放，后现代思潮的种种表征正冲破着现实的樊篱，开始在互联网所建构的虚拟语境中有所彰显。情感，作为受众心理的一个分支，就是在这一背景下，逐渐进入到传播学主流研究的视野中来。

从传播学已有的受众心理研究传统来看，勒温的群体研究、霍夫兰的说服研究和当代传播学者的新探索可看成是在态度—行为的分析框架下展开的，其中个体态度决定个体行为，同时，个体态度主要受制于大脑中的信息加工过程。情感通过在人脑信息加工过程中具有的关键性作用，如调节注意、决定注意力持续的时间和强度等方式①，间接作用于态度—行为的分析框架。换言之，情感是影响态度—行为的重要变量。

目前，情感研究在哲学、社会学、心理学、人类学、国际关系学，甚至是原本属于自然科学的计算机和人工智能领域都得到了较多的重视。这其中既有后现代思潮更强调个体的主体性，并

---

① ［美］乔纳森 H. 特纳. 人类情感：社会学的理论［M］. 孙俊才，文军，译. 北京：东方出版社，2009：25.

开始将注意力较多投放在日常生活层面的思潮特点；① 也有由于理性主义长期将情感看成控制的对象，在研究人类社会的问题时，忽视了情感对社会结构、社会系统的介入，忽视了情感对社会关系的生产和再生产作用，而导致相关的社会理论，部分丧失了分析现实时的穿透力和指导实践时的先导作用，这一点已引起不同领域研究者的注意。社会学的研究者更是将这种现象概括为理性主义的式微。当下，人们通过对符号意义的狂热追求来寻找自我认同和群体的归属感，互联网上到处充斥着人们宣泄式的情绪化表达，现实中频频发生的情绪激昂的群体性事件等，这些碎片化的现象都将长期忽视情感因素的负面影响——展现在研究者面前，发人深省。这正是情感研究长期边缘化的必然结果。

　　另外，情感对于中国社会具有特别的意义。首先，孕育于农业文明的中华文化一向重视血缘亲情，正是它构成了中国传统社会的情感基础。目前中国社会正在经历的由农业文明向工业文明乃至后工业文明的转型，不但是宏观层面的结构、制度的转型，从微观层面来看，也是个人从以日常生活状态为常态到以非日常生活状态为常态的生活方式的转型。这种转变包括由以往过分重视等级的宗法关系向重视个人解放的自由关系的转移，由以往过分重视道德品德向重视个人才能的转变，由在个人活动中重视传统习俗、经验、常识等经验主义向重视创造、科学、逻辑等的理性主义的转型。上述这些一方面意味着转型就是要切断中国人在

①　简明哲学辞典［M］. 上海：上海辞书出版社，2005：219.

传统社会中的情感羁绊，将人从家庭中解放出来，走向以契约关系为主的群体时代；另一方面也意味着人们长期形成的定向性情感在面对这些新变化时，必须及时做出调整和适应。如果社会管理者不能及时意识到这一点，并且从情感转型的角度对民众表现出的焦虑、孤独、愤怒、恐惧等情绪进行正面疏导和理解，那么宏观层面即便有再多良好的愿望，转型的进程也未必会顺利，甚至掌握不当还会引发社会动荡。

互联网诞生在上述这一转型背景之下，并具有扁平化、去中心化的技术特征。单从这一点来说，它是属于符合后现代性特点的媒介。随着以 5G 为代表的互联网基础设施建设的不断展开，以物联网、人工智能为代表的智慧城市建设的不断发展，以及以智能手机、平板电脑为代表的移动终端的迅速崛起，作为一种新的传播媒介，互联网深度介入到了人们的日常生活当中，记录着人们在无意识状态下所反映出的，宏观变革对微观个人精神世界的深刻影响。从目前的发展阶段来看，这种作用主要表现为对感性化的、视觉呈现效果的偏好，对社会不公事件的借题发挥和情感宣泄等。众所周知，大众传播曾在相当长的一段时间内充当着维系社会联系的作用，目前互联网一方面对大众传播的关系维系作用发挥着替代作用，另一方面也在更加微观的层面重新建构着社会关系的新模式。

综上所述，在宏观结构转型的背景下，在后现代语境下，整个社科领域也在呼唤着个人主体性地位的回归。这种"呼唤"具体表现为从宏观视野的建构转为对个人微观世界的观察与研究。另外，互联网以网络媒体、自媒体的方式正在聚合微观世界的个人力量，从情感抒发到态度转变等多个角度对宏观世界的变革施加着或推动或阻碍的微作用力。因此，无论是从研究的角度来看，还是从关注社会现实的角度来看，在中国人从传统生活方式转变到工业文明所崇尚的生活方式的过程中，加强传播学研究对中国人情感转型的关注都是必要的。

## 0.2 研究问题、思路与方法

如前所述，传播学研究一直就有关注受众心理的传统。其中不乏对受众情感功能的关注和研究。但是这种研究多借助实验和定量的方法，属于对情感外显形式的客观研究。而对文化之于人深层意识的涵化作用，以及社会背景下涉及人们精神状态变化的情感形成、表达等深层次原因涉及很少。

本书所聚焦的是传播机制中的情感因素。这里的"情感因素"并不单单是指通过短时间的观察即刻就能明白的外显的情感。在情感研究中，实验室和定量研究中的情感有个更贴切的称谓叫"情绪"。本书还包括隐于人们大脑内部的，在实验中不轻易表露，但在日常生活的判断中却起着决定性作用的情感。后一种情感因素有一部分与情绪重合，但大多数属于情感的升华，如审美情感和道德情感等。

虽然情感问题一直受到古今中外学者们的关注，但是从目前的研究来看，对深层次情感的关注大多集中在哲学、文学和美学领域。如今，伴随着生物学、神经科学、脑科学的不断深化和发展，将科学研究与人文艺术相结合的研究思路越来越成为情感研究的主流。学术分工大致遵循这样的路径展开：将已有的哲学、美学思考作为基础理论的主要来源，在此基础上，科学研究通过运用生物学等的相关技术对已有的基础理论进行验证，提供科学的实证支撑，帮助情感研究摘下"主观""唯心"的标签。

在传播学范围内，深入情感内部，对其形成的文化社会原因进行深层剖析，可以说数量有限。从这个意义上说，本书属于该领域的初步探索。在学科内部可参考的资源非常有限的情况下，笔者借用了哲学、伦理学、美学、社会学、人类学等领域已有的相关研究成果，并通过与科学研究成果进行相互验证的方式，将情感的人文社会视角与科学研究视角进行了合传播学目的的整合和探索。

本书的第一章把重点放在情感的生理基础、心理基础、社会基础三个方面。具体做法是，首先对情感的生物基础，心理学和社会学视角下的已有研究进行了梳理，选择出与传播学相关的理论部分进行重点论述。其中情感的生物基础为了解情感在人类进化过程中起到的基础作用，提供了一个历时性的视角，有利于去除科学研究中对人类情感的偏见。心理学是情感研究的大本营，情感的心理基础是情感研究的深化。本书将心理学研究情感时惯用的刺激—唤起模式移植到了传播学的语境中来，作为论述情感与传播要素结合（本书第五章）时的分析框架。与情感的心理学视角不同，情感社会学的研究更关注社会背景下的人，换言之，更侧重情感的社会意义，它也是情感研究走向宏观的标志。情感社会学从社会结构、制度、角色、行动、权力等多个方面对情感做了回归社会语境的解读，为群体视角下的情感传播（本书第六章）奠定了相关的理论基础。

本书第二章重点梳理了自然科学领域对情感研究成果的最新运用。一方面是对第一章的部分研究理论进行了检验，由此选取最为有效的研究结论；另一方面通过对科技动向的把握，为传播机制中情感因素的深化研究提供一个方向性的参考。第三章从情感观的变与不变、中国人的情感结构这两个维度，探讨了情感研究的文化基础。

第四章主要建构了传播领域中的四种主要情感：同情、爱、正义和审美。具体做法是从四种情感的生物基础、产生机制、社会功能和意义等多个方面进行了解析，并将这四种情感做了合中国语境的解析。其中，同情和爱属于人类最基本的两种情感，是诸多情感演化的起点。正义感是传媒领域关注度较高的道德情感。在西方，正义感是与道德分开的，但是在中国两者是混合的，本章对此展开了具体的分析。而选择美感不仅因为它是消费社会的主要内容，而且也是文化研究者眼中中国人较为重视的情感之一。

辜鸿铭认为，中国对审美情感的重视程度超过道德情感和宗教情感。上述四种情感的选择是基于笔者对大众媒体，特别是互联网媒体的观察，具有一定的主观性，但这既是情感研究的普遍现象，也是该领域的创新探索所必然具备的特征。从已有的研究来看，情感研究者多是结合自己所要谈论的主题，对自己认为的与主题相关的几种情感进行重点分析。例如加罗法洛在分析罪犯情感时只是重点谈论了仁慈感、怜悯感、正义感等。本章聚焦的这四种情感既可以看成是传播娱乐功能的情感基础，又可以看成是通过传播进行社会控制的情感基础。

　　文章的第五章、第六章主要是对1—4章所涉及理论的综合运用。这种运用主要是从个人视角和群体视角两个维度展开。第五章从个人视角主要借用了情感心理学研究的成果，结合读图时代的时代背景，重点将情感与声、像的传播机制进行了结合，同时将中国的传统文化作为无意识情感的理论基础予以重点阐释。第六章从群体视角主要借用了情感社会学研究的成果，以群体事件为背景做了重点分析。选取这些分析要点的依据有两点：1. 在情感研究领域有一定基础；2. 是情感因素较为集中的传播领域。

　　本书所采取的是文献、思辨和个案相结合的方式。

## 0.3　研究意义

本书在传播学受众心理研究的基础上，对传播机制中的情感因素进行了深层次的发掘和探寻。其意义主要体现在：1. 将情感研究的跨学科视角引入传播学的研究中来。虽然引入是研究的第一步，但本书并没有拘泥于此，在理解的基础上，还对部分理论做了合中国语境的改变和创新。2. 尝试建构了本土传播研究和实践适用的情感理论。3. 为情感理论在传播学的运用，提供了一些具备可操作性的定义、概念和方法。4. 在研究过程中发现了一些被以往研究所忽视的观点，为进一步的研究奠定了基础。情感问题极其复杂，而本书属于这方面的初步探索。此阶段的研究自然不能像成熟领域那样在逻辑上和论述上追求条理清晰，但是其理论价值和实践价值正在于它的探索性价值。本书在少有人涉足、停留的边缘领地开拓了一些可以延伸下去的路基，修正了传播研究中对情感因素的一些误判，并为情感因素与传播学研究进一步结合探索出了相应的理论基础和研究领域。

# 第1章 文献综述

## 1.1 "情感"概念的辨析

"情感"和"情绪"是有关情感的主题研究中最常见、最基础的两个概念。由于目前情感研究的成果主要来自西方，在中英文对译的过程中，基于理解上的一定偏差，会出现一些对"情感""情绪"进行错译、误译的现象，这往往会给跨学科视角下的研究带来一定的困扰。因此在这里笔者首先从词语演变的角度，勾勒一下这两个词在中文中的演化过程，以便更好地辨析两个词是如何区分的，这种区分是怎样发展起来的；而在英文中，两个词又是如何区分的。中文与英文的区分标准不同，在某种程度上体现了中、西方文化对情感问题的看法不同。

先看情感的演化。有人就有情感，中国古代先贤往往对此颇为关注，其中有代表性的人物是孟子，他"自觉地提出四种情感问题，并建立一套学说，对中国文化产生重大影响，这在世界哲学史上也是很少见的"。①

在中文语境中，"情感"与"情绪"两个词都起源于"情"字。早在公元前3世纪，荀子在《荀子·正名》中就提出，"'性之好、恶、喜、怒、哀、乐谓之情。'引申为事物的本性"。这时候并没有出现情感或者情绪的分野。在由陈涛主编，语文出版社出版的《古汉语常用词词典》（第497页）中，关于"情"也有这样的记载，《礼记·礼运》："何谓人情？喜、怒、哀、惧、爱、恶、欲七者弗学而能。"经过一段时间的发展，"情感"一词逐渐从"情"字的上述释义中分化出来，表现为词的形成。比如唐代白居易《庭槐》诗："人生有情感，遇物牵所思。"又比如在收录"情感"一词的多部词典中，"情感"被统一解释成"人受外界刺激所产生的较为稳定而持久的心理反应，如喜、怒、悲、恐、哀、憎等"。后来，在由商务印书馆出版的《辞源》（修订版）中，"情感"进而被解释为"感情有所触动而起的心理状态"（第1238页）。例如魏巍《东方》第六部第二章，"但是这种情感也以对英雄的敬仰居多"。（《汉语大词典》上海辞书出版社，第4311页；《两岸现代汉语常用词典》北京语言大学出版社，第901页；《现代汉语大词典》商务印书馆出版社，第1623页。）由

---

① 蒙培元.情感与理性［M］.北京：中国人民大学出版社，2009：136.

此完成了"情—情感—心理反应或心理状态"的意义，这些意义明确在"情感"的词汇里。

《辞源》虽然没有收录有关"情绪"一词的词条，但是却将"情"字的单字释义解释成"感情、情绪"。从这里可以推断出"情"一词既可能是"情感"一词的源头，也可能是"情绪"一词的源头。相较于情感，"情绪"这个词出现在词典里的时间相对晚些。它最早出现在由许少峰编写的《近代汉语大词典》（第1540 页）里。"情绪"的释义为：心绪、性情。例如，《初刻拍案惊奇》第三、四卷："想是见你去了，独自一个没情绪，自回湖州去了。"现在，"情绪"大致包含了以下三种释义：1. 人在进行某种活动时所产生的较短暂的心理状态。叶圣陶《晓行》："我听了这一段叙述，心里起了一种憎恨的情绪。"2. 劲头。柳青《创业史》："惊人的集体力量使他的情绪高涨极了。"3. 偏指不愉快的情感。碧野《我们的力量是无敌的》："回来后，它也跟人一样会闹情绪，对所有人都不服从。"

在同时收录了"情感"和"情绪"两个词的词典里，"情感"指涉"七情"的释义一直相对稳定，而"情绪"在描绘情感的变化层次方面则显得更为丰富。综上所述，"情感"比"情绪"先出现。情绪未出现前，只是"情"字的一个释义。在中文语境中，区别"情感"与"情绪"的标准主要表现为两个方面：第一，依靠激起的"时间"长短来界定。这一点符合认知规律，即稳定的、长时间的东西比易变的、短暂的东西更容易为国人所理解和把握。第二，在性质上，"情感"则较为中性，而"情绪"偏指负面情感。

英文"emotion"或者"feeling"常被用来对译中文的"情绪"或者"情感"。一般来看，英文语境偏好忽略情绪和情感的区别，其中"emotion"在英文文献中的使用更为广泛。就两者的不同而言，大多数英汉字典都将唤起情感的强烈度作为区别标准。《英汉常用词用法详解大词典》在比较"feeling"和"emotion"的区别时写道：feeling较强，一般译为"感觉""感情"；而emotion更强，表现为喜、怒、哀、乐，一般翻译成"激动"。"emotion"与"feeling"最大的不同在于前者用法较为正式，还可以指涉哲学意义上与"理智"相对的情感。① 在诸多词典中，由王同亿主编译的《英汉辞海》由于添加了生理学的相关知识，因而使"emotion"的释义显得更加精确。"Emotion：1. 感觉或感情的混乱与激动；2. 紧张的心情在强烈的感情（如爱、憎、渴望、恐惧）中感受到的，并在可能采取明显的行动之前所表现出来的神经肌肉的、呼吸系统的、心血管的、内分泌的平衡失调及其他身体上的变化，常用复数。"

综上所述，相较于"情感"和"情绪"在中文语境中相对灵活的使用情况，英文中的"emotion"与"feeling"的分工则显得

---

① 英汉词典对这两个词的解释是较为统一的。持同样释义的还有由周国振、周永涛主编的《精编英汉词典》（第569页）、李华驹主编的《21世纪大英汉词典》（第781页）、《牛津高阶英汉双解词典》（第556页）。

较为明确。而在中英文对译的过程中，强调情感激烈度的"emo-
tion"与中文中强调持续时间短的"情绪"更为接近。这里面看
出语言无法翻译出来的文化意味以及细微的词义差别。

目前，应用计算机和人工智能的前沿领域都在积极研究人类
情感的模拟问题。根据上面的分析论述不难发现，人的情感究竟
能否被模拟、计算绝不仅仅是一个技术问题，还必然涉及文化。
随着科技的进步，心理学中关于情绪的理论假说不断通过数学建
模、物理模拟的方式得到验证，在此基础上出现的人机交互、情
感机器人等应用产品不仅为"物"赋予了前所未有的人性光辉，
更加深了人类对自身的了解和认知。不可否认的是，这些新模型、
新事物也从另一方面为传播学更为科学地掌握情绪运作的机制、
与环境的互动关系以及情绪的功能提供了坚实的基础。

## 1.2  情感研究的传播学基础

一个传播活动，往往传递着两种信息：事实类信息和情感类
信息。

### 1.2.1  马克思和恩格斯论精神交往

以往，遵循经典研究范式的研究者们大多将注意力放在：1.

用精细化的方式解读传播信息；2. 将传播活动置于技术、制度、规范等不同分析框架下进行批判或者建构。可以说经过多年的发展，目前相关的研究已经发展到了日臻完善的程度。① 与此同时，因为情感主题属于人类生存与发展的基本主题，与人类历史相始终，与人类活动相伴随。因此，各学科各领域都会涉及情感研究。而因为情感对人的价值不同，具有历史的阶段性，所以，各学科的学术周期表现也不同。就传播学而言，对情感问题关注的多但深入研究的少，其研究较多集中于偏向应用的受众心理研究和广告研究。作为隐藏于一切人类传播活动中的基本信息，对情感深入系统的理论研究，直至今日都未进入传播研究的主流，总体而言，情感主题研究在传播领域的发展尚处于初级阶段。而在哲学、社会学、心理学、人类学以及应用计算机、人工智能领域都得到了不同程度的重视。尤其是进入互联网时代以来，传播研究中的情感主题得到越来越多的关注。其他学科的学术趋势也正在受到一定的影响。简单来说，可用八个字概括传播学情感研究的现状：现在"未入主流"，必成"未来热点"。

从资料整理的结果来看，情感研究的现状是，国内落后于国外，社会科学落后于自然科学。目前，在传播领域找到的相关文献并不多，主要分为对情绪管理论的介绍性论文②，从情感视角

---

① 陈力丹. 新传播技术条件下我国新闻传播学的视野——2010 年新闻传播学研究有感 [J]. 新闻战线，2011 (1)：19.

② 邵国松，等. 情绪管理论的起源和应用 [J]. 国际新闻界，2012 (2)：26 – 29.

对政治传播进行分析的论文①，以及将情感因素与社会抗争、网络动员相结合的论文。

从宏观层面来说，情感因素是人类进行精神交往的要素之一。马克思和恩格斯在论精神交往时，曾从外部环境、认同心理、偏见、注意力和流言五个方面讨论过各民族的交往心理②，其中多处谈到情感对传受双方的调节，甚至是决定性的作用。

外部环境对精神交往的影响，通常需要某一种心理因素的形式作为中介……其中"情感"这一心理要素的中介尤为明显。马克思对此的体验是很直接的。1853 年，英国政治活动家帕米斯顿谋求首相职位，为报道和分析这件事，他查找了许多有关这位贵族的材料，连续用一个月时间写出了轰动英国的揭露性小册子《帕麦斯顿子爵》……他当时说："我已经连续不停地工作了 30 个小时……我已经被写作激情，甚至'高度的'激情所控制。"

"在传播者和受传者这一单向的关系上，若传播者自信必然被肯定而态度过于强硬，或竭力希望被肯定，表现过分热情，而受传者原有的认同感不足以承受这些过分的态度或热情，于是便

---

① 隋岩，等 . 论群体传播时代政治传播的情感视角 [J] . 社会科学，2013 (9)：27 – 33.

② 陈力丹 . 精神交往论：马克思恩格斯的传播观 [M] . 北京：开明出版社，1993：433 – 472.

会在受传者那里出现一种对传播者十分不利的心理障碍，即逆向心理。"

传播学奠基人之一的拉斯韦尔在总结世界大战中的宣传技巧时也谈到了情感的作用。

宣传的成就受整个国家及其每个组成群体传统偏见的影响。与美国深厚的传统友谊是法国的一大优势，这种友谊是从独立战争期间斗争中的殖民地人民对法国的援助所心存的感激中延续下来的……英国则可以依赖一种深沉而普遍的共同情感，这种普遍的情感在那些更加显眼而并不深奥的态度面前经常被忽视。

虽然马克思、恩格斯和拉斯韦尔从不同的角度论及情感因素对事实信息造成的影响，但是这种关注在他们各自的整体传播思想中依旧占据着很小的比例。情感研究遭到冷遇与当时的历史语境密不可分。以马克思为例，在人类历史上，马克思（1818—1883）所在的19世纪被誉为科学的世纪。[①] 正是在这个世纪里形成了人类历史上空前严密和可靠的自然知识体系，对科学的崇拜成为当时最重要的时代思潮。出生在这个世纪的马克思所面临的问题是如何把历史世界（意指经济、政治、意识形态的总体）从

---

① 吴国盛. 科学的历程（第二版）［M］. 北京：北京大学出版社，2002：390.

神话故事中解放出来，使之从科学理论上加以思考。①"政治经济（学）批判"是马克思一生的课题，情感问题既远离那个时代关注的焦点，也远离马克思个人关注的焦点。

总体上说，研究中将情感作为一个重要变量予以观察论述的多，将其作为一个视角系统论述的少，分散涉及情感因素的多，集中系统论述的少。

### 1.2.2　情感视角在互联网时代的凸显

人类社会步入21世纪，互联网逐步得到普及。技术引爆的范式革命往往意味着研究中的"主流—边缘"进行重新排序。在网络传播时代，人的主体地位得以凸显，一方面，情感视角在传播研究中长期为研究者所忽视，如今正从深层上浮于浅表。另一方面，以往的"理性视角"在网络传播领域中不断遭遇解释的困境：符合逻辑的事实叙述在面对情感宣泄时显得苍白无力，现实社会中的权力逻辑常常在网络中遭受不再受身份、地位限制的网民发言的质疑、挑战。就像一次历史的轮回，勒庞在《乌合之众》中为我们描绘的那个冲动、易受暗示、缺乏理性、夸大感情的群体幽灵又出现在这个新兴的媒体上。面对这些现实困境，库恩的提醒再次回响到耳旁，"在异例背后常常隐藏着另一个迥然

---

① ［日］今村仁司，三岛宪一，等著. 马克思、尼采、弗洛伊德、胡塞尔：现代思想的源流［M］. 卞崇道，周秀静，等，译. 石家庄：河北教育出版社，2001：231.

不同的研究范式"。①

近年来，研究者对网络传播的情感倾向有所关注。从理性视角的一家独大到情感视角渐露头角，是网络传播的一个重要的研究趋势。

白淑英、肖本立以新浪微博为研究对象，将社会交换理论引入对微博互动的分析。社会交换理论认为，人们的交往过程实际上是一个资源交换的过程，其中也包括情感交换。研究者认为微博上的互动过程也是情感资源进行交换的过程。具体策略表现为：1. 网民个体通过对对方微博内容的关注，适当的赞美、支持、鼓励等行为获取情感资源；2. 名人之间有一个小圈子，名人们通过这个圈子获取情感支持，同时也通过彼此名人效应的积聚和扩散来获得更高的社会关注和社会声誉。在谈及微博上的情感动员时，研究者以能引发大量回帖的主帖为视角分析道：一般来讲，能引发大量回帖的主帖都是在话语上有较鲜明的情感色彩的，能调动关注者情感波动的帖子。② 杨国斌则将网络事件的发生定义为一个情感动员的过程，并进一步归纳出两类在国内网络事件中比较普遍的情感动员风格：一种以悲情为主，常伴有同情和义愤，涉及社会问题尤其是困难群体的很多网络事件属于此类。另一种以戏谑为主，格调是调侃和幽默，总体效果近于网络狂欢，很多涉

---

① 胡翼青. 论文化向度与社会向度的传播研究［J］. 新闻与传播研究，2012（3）：4.

② 白淑英，肖本立. 新浪微博中网民的情感动员［J］. 兰州大学学报（社会科学版），2011（9）：61.

及文化的网络事件就属于此类。① 隋岩和史飞飞将政治传播的过程还原为政治传播主体对人的情感笼络。通过制造熟悉感、赢取信任以及获取认同这三个维度来获得人们的情感支持,以此达到不同强度的传播效果,并认为情感与信任直接相关。②

不难发现,仅有的情感视角的传播研究主题相对集中,具体表现为:1. 研究多属于情感的功能取向。多从社会学中吸取相关的理论成果。2. 情感与传播的关系主要表现在两个方面。一方面从内容上看,侧重于研究情感的传播策略,目标多指向社会认同、信任重建等;另一方面从媒介属性上看,情感视角大多与互联网这一新生的传播媒介息息相关。3. 互联网民意中所折射出的情感倾向已经成为学者们的共识。虽然系统论述情感视角的论文、著作有限,但是将情感作为一个重要的观察维度进行论述的相关文献尤显难得,值得关注。例如,喻国明教授就在多个场合从传播效果的角度谈道,在"人人都有麦克风"的微博场域中,"晓之以理"的传播方式远远不如"动之以情"有效。在谈到微博有效传播的三个关键词时,喻国明指出,人们在认同一种逻辑、认同一种说法之前,首先需要的是一种情感判断。而所谓情感判断的本质就是关系判断,即他要在众多的人类群属中确认一种关系:如果我们是同舟共济的伙伴,我们就可以认真地听你的说辞,并

---

① 杨国斌. 悲情与戏虐:网络事件中的情感动员 [J]. 传播与社会学刊(香港),2009 (9):49 – 51.
② 隋岩,史飞飞. 论群体传播时代政治传播的情感视角 [J]. 社会科学,2013 (9):27.

且有可能"入脑入心";但如果你跟我是利益博弈方的话,我们在逻辑上就是"两股道上跑的车",你说的是"狼"的道理,我信的是"羊"的道理,你的逻辑永远不可能被我接受。① 倪宁、马小娟在结合个案"KONY 2012",谈及全球性网络动员如何可能时,认为全球认同感的情感层面应着力从道义感的唤起和草根化的身份认同两个方面进行建构。② 2011 年 11 月 16 日,在甘肃校车事件发生后不久,媒体在 11 月 25 日又相继报道了中国政府援助马其顿校车项目交接仪式的消息。这两个报道在当时引起舆论的一片哗然。马少华把新闻学院的同学们对此事的评价进行归类,他认为同学们在讨论中分化出的两类看法,恰好代表了民众看待国家行为的两种典型思维,即感性和理性倾向。他认为"人的认识,有理性的,也有感性的,不可能要求所有人都达到理性的认识。把人们的感性认识作为一个客观事实接受下来,并且研究其中的规律,既是评论应有的理性,也是政府行为应具有的理性"。③ 上述种种研究都是研究者对网络时代群体传播的情感领域进行的初步探索和归纳。

总体来说,该领域的传播学研究像一个十字路口,路过的多,驻足的少。晚年的梁启超在谈到治学时曾将"注意"放在第一

---

① 喻国明."规则改变、系统协同、构建信任"——微博有效传播的三个关键词 [J]. 新闻与写作, 2013 (9): 84.

② 倪宁, 马小娟. 全球性网络动员如何可能? ——基于《KONY 2012》的案例考察 [J]. 国际新闻界, 2012 (9): 78.

③ 马少华. 舆论中的感性与评论中的理性 [J]. 新闻与写作, 2012 (1): 72.

位，曰"凡常人容易滑眼看过之处，彼善能注意观察，发现其应特别研究之点，就是读书得间也"。① 这与胡适的"做学问要在不疑处有疑"有异曲同工之妙。"情感"就是这样一个不仅在传播研究而且在整体人文学科和社会科学中最不可缺少，却又最容易被忽略的问题。喻国明认为"粗糙的创新远比精致的圆熟更可贵"。一篇真正意义上的研究成果永远是和时代发展的现实"问题单"联系在一起的。② 笔者正是以互联网时代所暴露出的"情感问题"为契机，结合中国当下的时代语境，借助人工智能、认知神经科学和情感社会学的理论视角及应用成果，厘清传播与情感之间的关系，在一定程度上，弥补传播机制中情感因素的研究空白。

## 1.3 关于情感视角的其他专业成果

这里从宏观、微观两个维度重点介绍社会学和心理学两个研究成果较多的领域。

情感系统的重要性在人类遭遇挑战时更加凸显。汤因比曾经说过，"一部人类文明史，不过是人类面对自然和社会挑战而不断应战的历史"。③ 人类在应对挑战时离不开情感系统的支持。自

---

① 梁启超．清代学术概论——儒家哲学［M］．天津：天津古籍出版社，2003：43.
② 喻国明．喻国明自选集［M］．上海：复旦大学出版社，2004：8.
③ 喻国明．喻国明自选集［M］．上海：复旦大学出版社，2004：7.

近代科学革命爆发以来，在理性之光的指引下，人类逐渐步入以强大科技做支撑的工业社会、后工业社会，但是两次世界大战的爆发，让人们意识到只是单纯追求物质层面的丰富，而忽略精神层面的关照，整个人类社会将会再次陷入黑暗。

情感因素从一开始就作为一个心理学命题出现在说服和宣传研究中。受科学领域信息论、控制论和系统论的影响，心理学界涌现出研究认知过程的潮流。随着测量技术不断推陈出新，人类终于开始向"黑箱中的黑箱"情感研究迈进。心理学成为研究情感的大本营。

社会学的研究者则倾向将大脑视为一个黑箱，通过观察和定量分析的方法从社会的维度对情感进行"赋值"。比较而言，心理学家所做的工作虽然有些脱离社会语境，但却为情感的研究提供了确凿的科学基础。因为人首先是个高级生物体，之后才是各种社会关系的总和。

因此，只有将这两种视角结合起来，才能完成对人类传播行为的认知。而这其中心理学和生理学主要为我们提供了解有关情绪产生和作用的生物学基础，并为本书的后续研究提供重要的理论基础；而其中的进化论视角不仅为我们展现了情绪演变的历史过程，还为情感之于人类的重要性提供更为科学的理论基础。

### 1.3.1　情感研究的生物学基础

这部分的研究主要包括三个方面：一是对情感的外部表现和

生理唤醒的测量研究。伊扎德认为情绪（emotion）① 主要由三个部分组成，即主观体验（subjective experience）、外部表现（emotional expression）和生理唤醒（physical arousal）。② 在这三者中，情绪的外部表现（如面部表情、语调等）和生理唤醒（如心率变异性等）由于具有可量化的特质，因此在应用心理学领域运用较广，也为传播学的效果研究提供了学术参考。二是情绪产生过程及其神经基础的研究。随着神经成像技术的快速发展，情感神经科学（affective neuroscience）应运而生，情感神经科学集中研究"情感的过程"，重点考察情绪（emotion）和心境（mood）变化的神经基础，为进一步探讨传播要素与情绪调节之间的关系提供学理支撑。三是大脑中的神经元回路研究。该视角通过深入人脑中枢神经系统内部，寻找情绪意识状态产生的生理基础，明确了大脑中前额叶皮层和杏仁核在情感发生机制中的关键作用，为深化相关领域的应用研究奠定了基础。

具体来说，科学家通过对正常人、脑损伤病人和精神病人的

---

① 在关于情感的心理学研究中，一直存在着定义松散的问题。感情（affect）、情操（sentiment）、情绪（feeling）、心境（mood）、情感（emotion）这些术语交错使用。其中关于情感（emotion）和情绪（feeling）的区别是争论较为集中的，从19世纪威廉·冯特开创实验心理学的传统至今，这一分歧依旧没有得到很好的处理。在本节，本书采取较为灵活的方式，大部分的研究对象是指emotion，在涉及具体分类时，会附以英文标注予以区分。

② 彭聃龄. 普通心理学 [M]. 北京：北京师范大学出版社，2011：364.

大量观察、实验认为，情感是由大脑中的神经元①回路所控制，这些神经元回路②通过整合加工情绪信息，产生情绪行为，神经网路所涉及的脑组织包括前额叶皮层（prefrontal cortex，PFC）、杏仁核（amygdala）、海马（hippocampus）、前部扣带回皮层（anterior，cingulate cortex，ACC）、腹侧纹状体（ventromedial striatum）等。情感神经学（Affective neuroscience）的研究认为，情感的神经系统主要由前额叶皮层和边缘系统（杏仁核和海马）构成。在边缘系统中，杏仁核的作用是情感学习，海马的作用是情感记忆，其相互作用的机理可以大致描述为，当杏仁核识别、学习了某种情感关系之后，就会建立起神经元之间的连接，将学习到的情感关系固定下来。与此同时，杏仁核还会发送给海马神经元一个刺激，让海马得知并记住这个刺激。而前额叶皮层主要发挥情感反应的加强、维持或者减弱等调节作用。

人工智能领域通过对杏仁核和前额叶皮层两部分进行计算机建模，模拟出大脑进行情感学习、记忆和调节的机制，建立了人工情感智能模型（Brain emotion circuit based artificial Emotional In-

---

① 神经元（neuron）是具有细长突起的细胞，由胞体（cell body or soma）、树突（dendrites）和轴突（axon）三部分组成。其中树突较短，形状如树的分枝，其作用类似于电视的接收天线，负责接受刺激，将神经冲动传向胞体。轴突一般较长，每个神经元只有一根轴突。其作用主要是将神经冲动从胞体传出，到达与它联系的各种细胞。神经元按照功能可以分为内导神经元（感觉神经元）、外导神经元（运动神经元）和中间神经元。最后的中间神经元主要起连接内导神经元和外导神经元的作用。

② 神经元回路：神经元与神经元通过突触建立的联系，构成了极端复杂的信息传递与加工的神经元回路（nerve circuit）。除了一对一的连接外，神经元还有三种典型的连接方式：发散式、聚合式和环式。

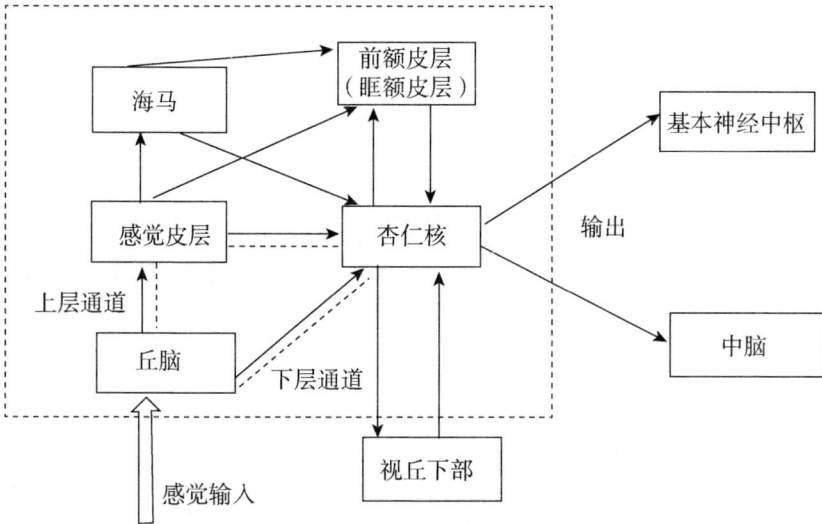

**图 1-1 大脑的情感回路工作示意图**

telligence model，BEI）。通过实验，该模型也再次有力地证明了杏仁核在情感快速学习，以及前额叶皮层在情感调节方面的功能。

### 1.3.2 情感研究的进化论视角

从严格的意义上说，情感的进化论是由达尔文提出的。他在《人的由来》这本书中专辟两章，讨论了人类和低等动物之间的心理能力，证明了情感之于人的先天性，同时将情感演化归因为自然选择的作用。

达尔文认为，人和动物的心理能力，虽没有性质上的差别，但有能力上的差别。他将动物分为进化层次较低的低等动物和高等哺乳动物两类。低等动物通过本能感受表达情感，这种情感包括：自我保全、两性之爱、雌性对新生子女之爱、雌性喂养的欲望等。人与其他高等动物（如类人猿等）的情感相比，除了本能感受之外，还有建立在记忆、远见、推理、想象上的情感。这些情感包括：嫉妒①、争宠、好奇、模仿、注意力、记忆等。

　　除了上述这些之外，社会化还使人逐渐具备了社会化的情感本能②，比如忠诚、服从和同情心。这三者中，达尔文着力分析了同情心，认为同情心具有两个较为明显的特点：一是具有明确的指向性。尽管从现在看来，人类的同情心已经从同类之间蔓延到了自然界的各个方面（比如对宠物的喜爱、对环保的热忱等），但大多数时候，同情心是以关系的远近作为判断依据，情感作用的对象主要指向平时认识的，或多或少有些情分或恩爱的个体，而不是所有个体。二是同情心使人心中有所顾忌。人在意同类的评价往往也是同情心使然。③ 人充满着对称誉的爱好，对光荣的

① 达尔文在这里举的例子是，"如果主人在别的动物身上表示太多的恩爱，一只狗便会表现出嫉妒的心情，这一点我在一些猴子身上观察过相同的情况"。
② 这几点在群居的动物身上同样可以看见。
③ 在这一点上，达尔文的同情心使人有所忌惮的逻辑显得有些跳跃。笔者认为，这里的逻辑推理可能是这样的：达尔文在论述人类情感的时候深受亚当·斯密《道德情操论》的影响。支持这一论点的原因有两个：1. 同情心是亚当·斯密思考情感逻辑的出发点，是其在《道德情操论》中首要谈论的问题。而达尔文在从进化论的角度谈论人的情感时，相较于其他，对同情心的关注也是最多的。2. 达尔文在相关章节的注解中大量引用过亚当·斯密《道德情操论》的内容。通过以上两点笔者认为从同情心跳跃到人有所忌惮的逻辑需要到亚当·斯密那里寻求原因。亚当·斯密认为同情是一种"合宜"的情感，并以此为标准来界定哪一类激情会赢得正面情感，而哪一类激情会引发负面情感。亚当·斯密认为"我们的赞同最终也是建立在同情或这种一致的基础上的"。在此基础上，证明自我是人类普遍具有，可以说是最具"普世性"的需求。因此从同情心到有所忌惮的逻辑应该是，给予同情就会获取认同，反之亦然，所以人们才会因为同情心生出种种忌惮。

渴望，对污蔑和恶名声的惧怕，甚至在有些时候，可以克服自己的私欲，在不计较任何利害的情况下，遵从一定的行为路线。加罗法洛曾在分析犯罪人的情感时，谈道："这些犯罪人全都不会悔恨。他们不具有莱维－布鲁尔所说的真正的悔恨，即不再惧怕刑罚，而是希望、盼望这种刑罚……不仅如此，他们甚至不会为过去的事感到遗憾和丝毫的情绪辜负。"①

如果说达尔文的视角主要依靠观察，缺乏一定的实证基础，那么当代脑科学的发展则为这些观点提供了更为科学的证明。

从外表来看，人的大脑被分为左、右两个半球。从功能上说，左半脑主要负责认知，包括言语、阅读、数学运算和逻辑推理等。而右半球掌管感觉、情绪、欣赏音乐和艺术等。从结构上说，人的大脑的右半球略大于和重于左半球，而与大脑右半球相比，左半球的灰质更多。认知取向的研究者偏向强调左半球，而情感取向的研究者偏向强调右半球。但双方研究者在环境因素对两个半球起到了极其重要的选择作用这一点上是有共识的。现有的研究已经证明，从低等无脊椎动物到脊椎动物，神经系统的两侧一直都是对称的，经过数亿年的发展，这种对称的存在形式才最终演化为人脑这种不对称的形式，而这种形式是与其功能相对应的。情感取向的研究者认为，左右半球的体积差异意味着自然在选择时，优先选择进化负责人情感的右半脑。（Daniel Goleman，1995；Jonathan H. Turner，2009）杏仁核是人脑中最古老的情绪系统。

① ［意］加罗法洛. 犯罪学［M］. 北京：中国大百科全书出版社，1996：86.

而在杏仁核所产生的负面情绪中，恐惧的历史最为悠久，与之匹配的还有攻击。这主要是因为在原始社会，恐惧和利用恐惧所实施的消极惩罚成为加固社会联系，建构社会结构的控制方式。

### 1.3.3　情感研究的社会学视角

情感有其生物基础和社会基础。我们已经大体了解了情感的生物机理。20 世纪 70 年代，情感成为社会学研究主题的时候，情感开始被人为赋值。这种赋值的理论假设是，情感是一种正常的生理现象，社会结构、个人特性以及文化等因素都可以对情感进行调节和规约，使情感充分发挥出维护社会团结、取得各种认同和传承文化特质的功能。

在社会科学内部，情感视角与社会学经典研究（如结构、行动、冲突、角色、社会化、控制等）结合分析社会现象的研究越来越多，经过几十年的积累，发展出一条聚焦于情感研究的新兴分支——情感社会学，汇聚了社会学情感研究的成果。

该领域目前的研究主题多元，理论取向多样。这种现象有其历史原因。通常，社会学的研究者们偏向于将情感因素排除，而将更多的精力放在对组织和行动的研究中。后来，研究者们逐渐意识到人类的行为不单纯受工具理性驱使，情感或暗或明的调节作用不可忽视。"情感"才得以逐渐步入社会学的研究视野，"他们从各自的理论传统出发，将其研究领域拓展到情感的主题上来，发展了自己的命题和假设"。多种理论传统的延伸，就造成了理论取向的多样化。中国社会学的奠基人费孝通先生提出，"过去我们研究了太多的制度、结构，现在，我们应当将目光转向人"。

目前，情感社会学领域的文献，主要分为宏观的社会结构视角和微观的符号互动视角。宏观视角就分析的现象不同，又可进一步分为冲突框架（如社会抗争、社会动员）和和谐框架（如自我控制、互动仪式）。冲突框架的理论来源是马克思和马克思·韦伯，和谐框架的理论来源是孔德、涂尔干、帕累托等。在微观的符号互动视角当中，根据方法论的不同，又分为建构的视角和实证的视角。建构的视角实际上是一种文化的视角，代表人物有霍克希尔德，该视角赋予了行动者能动性，换言之就是主观定义情境，建构和管理情感的能力；而实证主义者（Ridgeway，C. L，1982；Kemper，Collins，1990）关注客观上决定真实情感产生的结构性因素。

研究思潮具有周期性规律。梁启超曾把佛教"一切流转相，都分为生、住、异、灭"的说法用来类比一种思潮的流转。他认为思潮也可以分为四个阶段，即启蒙期（生）、全盛期（住）、蜕变期（异）和衰落期（灭）。学术研究也有其"普适"的逻辑，大致可分为两类：一类是对原命题假设的争论，建构和批判都可归于这个类型；另一类是在承认某一种前提假设的情况下做跟进和细分，量化研究和应用研究可归于此列。从已有的文献来看，控制和交换属于建构该领域理论的两种基本范式，也是情感最具代表性的两种功能。

　　控制论视角下的情感研究分为三类：文化控制、社会控制和认同控制。文化控制属于建构主义的视角，该视角既强调文化与社会规范是情感最重要的决定因素，也承认文化规则虽然制约着情感体验的形成和情感的表达，但也不是一成不变的。该视角的代表人物是霍克希尔德（Hochschild，A. R.）和肖特（Shott，S）。前者以戈夫曼的拟剧论为基础发展出了情感剧场理论，认为受情感文化和理念的影响，角色在互动过程中遵从"感知规则"（feeling rules）和"展示规则"（display rules）。这里的角色主要指一个人的社会角色。肖特将米德的符号互动理论扩展到情感主题的研究中来，认为个体是在社会规范与内在刺激所设置的界限内建构他们的情感。社会控制的视角更注重社会结构和社会关系之于情感的影响，反对文化规范决定情感的观点。该视角的代表有柯林斯（Collins，R）的互动仪式链理论、肯普尔（Kemper，T. D.）的"权力—地位"模型，以及里维斯（Ridgeway，C. L）和伯杰（Berger，J）的地位预期理论。

　　互动仪式链理论揭示出，在互动中具有权力和地位的个体会趋于得到高的情感回报。肯普尔的"权力—地位"模型试图为我们说明权力和地位的维持或改变会唤起个体特定的"结构性情感"。地位预期理论想要说明的是地位预期对情感动员与运作的重要性。认同控制的代表是斯特莱克（Stryker，S.），他首先将自我概念化为多重身份构成，并认为在等级排序中位于显要位置的身份趋于引导角色的行为，而情感会根据角色演出是否符合身份设定这一标准来激发个体规范自己的行为。

交换视角下的情感研究以交往网络的情感理论为代表。该理论是以研究共同行为、情感反应和群体团结之间的关系展开的。这里的共同行为（joint activity）必须满足两个要求，即贡献具有非分离性、责任具有共享性①。在共同行为中，行为体对共享责任感知得越深则越倾向于把行为的成败归因于所在的网络。具体说来，积极情感的归因有利于增加行为体对所在网络的黏度，消极情感的归因将促进情感的分离或疏远。此外，在共同行为中网络连接往往有两种方式，一种是积极连接，另一种是消极连接。在积极连接中，成功的交换有利于加强群体间的交换关系和情感联结，重复的成功交换有利于把网络转为一个群体。而在消极联结的网络中，成功的交换只有利于增强交换关系，不增强情感连接。而不成功的交换关系将阻碍群体的产生。当然，在网络向群体转化的过程中也存在第三种情况，即行为体因为"身份"丧失而引发消极情感，从而发生脱离网络无法形成群体的现象。

此外，不同于控制和交换视角，有的研究者提出"综合性视角"，其中乔纳森 H. 特纳是一个不可忽视的代表。他的贡献表现在两个方面：第一，试图融合、超越目前各种情感视角的社会学理论，打造出一个更具解释力的情感社会学理论。第二，他积极

---

① 这里的"贡献具有非分离性"是指，个体行动者的贡献不易被确定，或者说很难从其他人的贡献中分离出来。

致力于将生物学引入情感的社会学分析，力图从进化论的角度为人类众多的情感特征提供科学的视角。关于交易视角下的情感，特纳提出人类会将至少五种交易需要①生成对互动对象的期望状态，在这五种交易需要当中，自我实现需要和获益需要生成的期望状态得到越多的满足，互动之中的人越可能体验到正向情感，并进行自我归因，同时对上述网络状态下的群体成员给予正向情感奖励。

　　虽然目前情感社会学研究的大本营主要集中在美国，但更多的人依旧视弗洛伊德为情感社会学的鼻祖。弗洛伊德被该领域研究者引用最多的一句话是"人类的文明史是一部人的情感、欲望和本能冲动在社会条件和社会关系的作用下而逐渐受到制约、镇静、抑制和疏导的历史，作为其结果，外在的社会力量逐渐以'超我'的形式而内化到个人的心理结构中，并对个人的行为进行自我监视、控制和指导"。舍弗（Sheff, T. J.）运用弗洛伊德精神分析法并将互动论观点引入研究，他认为羞耻感是一种社会情感，它来源于个体的自我总是站在他人的立场上持续不断地监控自己的行为，羞耻感会产生遵从的社会功能，从而维护社会的稳定。

---

① 乔纳森 H. 特纳认为这五种需要为：自我实现需要、获益交换需要、群体归属需要、信任需要和确定性需要。

## 1.4　小结

　　传播学的研究者已经开始关注并意识到情感之于传播研究的重要性，从趋势上来讲，这种关注已经从战术层面的探讨转向战略层面的探索，并进入更深刻、更本质的层面，具体表现为以往情感议题只是受到广告研究等偏向应用领域的传播研究的重视，随着互联网特别是社交媒体的迅速崛起，研究者越来越意识到情感判断之于中心议题的影响。这里的中心议题主要是指政治议题、社会议题等，由于缺乏对社会普遍的情感结构和情感产生机制的有效把握，目前研究还停留在传播的战术层面。与此形成鲜明对比的是，社会学的分支情感社会学和心理学的分支情感神经学，分别从宏观和微观两个层面为传播学的进一步探索提供了理论依据和实证支撑。对这两部分成果的借鉴必然成为传播学情感主题探索的研究路径。此外，传播效果的产生除了受制于社会结构和个人心理的影响，其表达方式等也必然会受到文化因素的规约，因此人类学的相关视角也在本研究中有所涉及。

# 第 2 章　情感研究的科学基础

　　经济学家于光远在谈到治学方法时曾表示，做研究要会"抠概念"，"不但要抠汉文中的字眼，也要抠一抠外国的字眼"。① 这样做的依据是，一个词的词义在随时代变化的背后总是蕴含深意。于光远对"抠概念"的阐释在今天看来依旧具有重要的借鉴意义，只是随着时代的发展，"抠字眼"不仅要注意回归原典，贯通中西，还应该关照当下学科间跨界融合的时代趋势，进一步加强自然科学与人文社会科学之间的对话，通过借助自然科学领域已有的研究成果，丰富人文社会科学在进行概念界定时所需要的科学依据，为概念的清晰提供一个相对客观的基础。

---

① 于光远. 靠理性的智慧——于光远治学方法［M］. 湖南：海天出版社，2007：23.

## 2.1　情感的科学与应用

### 2.1.1　科学视野中的情感

"一千个读者，就有一千个哈姆雷特。"

与日常生活中的灵活运用不同，情感和情绪的区分在科学研究中显然严谨得多。根据进化论的观点，情绪先于情感产生，是人类早期赖以生存的手段。人和动物都有情绪，而情感却是人类特有的心理现象，与人的社会性需求相关。作为一种体验和感受（experience），情感具有较大的稳定性、深刻性和持久性。而情绪具有较大的情景性、激动性和暂时性，会随着情境的改变和需要的满足而减弱或消失①。总体说来，情绪是情感的源头，情感主要通过情绪表达。心理学的研究主要是以情绪为主，值得一提的是虽然在理论上将情感与情绪做了上述种种区别，但是在实际的运用中，研究者仍会将"emotion"翻译成"情绪"，而将"emotions"即"情绪"一词在英文中的复数形式称为"情感"，这主要是将情绪视为研究情感的一个单元。

在计算机、信息科学、认知神经科学等前沿领域，关于人类

---

① 彭聃龄. 普通心理学［M］. 北京：北京师范大学出版社，2004：365.

情感的研究受到热捧，并逐渐形成了一条多学科交叉、学产研相结合的研究路径。其中，脑科学、心理学、生理学、神经科学等负责提供基础理论，计算机科学、信息科学、系统科学等则在假说得到验证的基础上，探索其在工业生产一线的应用。具体如我们当前经常看到的人机交互（可穿戴计算机和后 PC 时代的芯片式计算机）、电子教育、机器人以及娱乐、远程医疗等。① 这些来自科学前沿、具有可操作性、被验证的研究成果，为人文社科领域的情感研究提供了颇具参考价值的资料和经验。

### 2.1.2　应用领域中情感：前沿概述

在情感研究的应用领域处于领先地位的是美国和日本。两者的区别在于，前者主要关注情感与计算机的联姻，而后者则聚焦在其工业设计中注入诱发消费者购买意欲的情感因素。

美国方面，让计算机具有情感能力首先是由麻省理工大学（简称"MIT"）的 Minsky 教授提出的。他在 1985 年出版的专著 *The society of Mind* 中指出，"机器在实现智能时怎么能够没有情感？"② 这一探讨在计算机界引起了很多人的兴趣，这一奇思妙想面临一个亟待解决的现实问题：如何确定情感与认知之间的关系，情感对逻辑判断的影响到底是大还是小。时隔近 10 年，神经生理

①　王国江，王志良，等．人工情感研究综述［J］．计算机应用研究，2006（11）：9．
②　Minsky M. *The Society of Mind*［M］．Simon@Schuster，New York，NY，1985．

学家 Damasio 通过对大脑受损患者的研究得出了支持 Minsky 教授这一设想的结论。Damasio 的研究对象是一群大脑受损的患者，他们大脑皮层（控制逻辑推理）与边缘系统（控制情感）之间的通道出现了一定程度的缺损。尽管患者具有正常甚至超常的理性思维和逻辑推理能力，但其优化选择、进行决策的能力却严重受损。从事情绪研究的研究者认为这一成果首次从生理的角度证实了情感之于理性决策的重要性。

"情感计算"最初是由美国 MIT 媒体实验室的皮卡德（R. Picard）教授于 1995 年首次提出，经过两年的发展，成形于 1997 年正式出版的专著 *Affective Computing* 中。所谓情感计算就是试图赋予计算机像人一样的观察、理解和生成各种情感特征的能力。[①] 换言之，就是试图创建一种能感知、识别和理解人的情感，并能对人的情感做出智能、灵敏、友好反应的计算系统。皮卡德将情感计算的研究内容具体分为九个方面：情感机理、情感信息的获取、情感模式识别、情感的建模与理解、情感合成与表达、情感计算的应用、情感计算机的接口、情感的传递与交流、可穿戴设备。

日本方面，其感性工学的研究始于 20 世纪 90 年代，并且在人工情绪的应用方面走在了世界前列，而"感性"一词也将应用领域的情感研究附上了某种人性的色彩。从字面意思来看，感性

---

① 杜坤坤，刘欣，王志良，解仑．情感机器人［M］．北京：机械工业出版社，2012：9．

工学的英文翻译是"Kansei Enginner"，其中对于"感性"的翻译来自日文的音译。辻三郎在其所著的《感性の科学》① 一书中，认为所谓感性信息就是迄今为止用信息科学无法解释的信息。辻三郎认为这意味着人工智能的研究将从名词和动词的世界转向充斥着感性信息的形容词的世界。至于推崇感性信息的原因，辻三郎解释道，一般我们认为人类的文明起源于语言出现之后，但是在没有文字的漫长岁月里，人们是通过印象来认知世界、赋予意义的，这些在原始壁画中已经有所体现。虽然现代文明的基础是语言，但是在思维的深处依旧存在与感性相关的信息互动，大脑的语言功能是在大脑中感性互动区域上面的地方形成的，人类的决策活动通常是在两者的合作中完成的。辻三郎进一步分析道，感性所指涉的对象的确十分庞杂，因此他将感性分为浅感性和深感性两种，其中深感性包括深度感性和丰富的感受性两个方面，由于这个部分的感受用自然科学的手段很难达到，因此暂且被排除在感性信息研究之外。感性信息主要研究浅感性，即有认知部分参与的，通过利用形容词辨析、脑电波等自然科学的测量手法可以获取的那部分感性信息。

---

① 辻三郎. 感性の科学——感性情報処理へのアプローチ［M］. 日本：サイエンス社. 该词在维基百科中原文解释为："感性とは、美や善などの評価判断に関する印象の内包的な意味を知覚する能力と言える。これは非言語的、無意識的、直感的なものであり、例えば何らかの音楽に違和感を覚えるように人間に作用することもある。"翻成中文的意思是：所谓感性就是一种知觉能力，它所反映的是与美、善等判断相关的印象内涵。是一种非言语的、无意识的，凭借直觉感知的东西，例如，人们不知为何就对某种音乐产生不和谐的感觉等。

实际上，日本学者对于"感性信息"中感性的理解尚未统一。除了辻三郎之外，日本学者松山隆司也曾尝试从感性和感性信息区别的角度，为感性信息的研究确立研究对象。他认为，"感性"往往是由情感所控制的。因此不可能将感情和情绪这类心灵的深层构造排除在外，简单地解决"感性"问题。因此感性科学的研究并不是以人的感性作为直接的研究对象的，而是将可以激发人的感性的刺激和影响称为感性信息。在明白这部分信息的具体特点的基础上，感性情报处理所要研究的是从信息科学的角度对感性信息的描述过程和处理方式进行思考。换言之，就是将从各种媒介中获取的感性信息进行工学的提取、加工和处理。这部分信息通常具有主观性、多义性和暧昧性的特质。（见表 2－1）

表 2－1　感性信息（加粗的字体为重点研究领域）

| 1. 印象信息（イメージ情报） | **图像、动画**、绘画 |
| 2. 音响信息 | **音乐、声音、环境音乐** |
| 3. 文字信息 | 文字、文章、诗 |
| 4. 身体信息 | **表情**、姿势、舞蹈 |
| 5. 造型信息 | **设计** |
| 6. 空间信息 | **空间感、虚拟现实感** |
| 7. 嗅觉、触觉、味觉 | 香味、触感 |

在日本，感性科学的成果主要用于感性工学。而感性工学就是以工程技术为手段，设法将人的各种感觉定量化（暂且称之为"感性量"），通过寻找出这个感性量与工程技术中所使用的各种

物理量之间的高元函数关系作为工程分析和研究的基础。① 从某种意义上来讲，感性（kansei）工学反映了 21 世纪科学与人文逐渐走向融合的趋势，目前该领域最具前沿性的产品是日本各大公司竞相开发的情感机器人。不论是情感计算还是感性科学、感性工程学，都从不层侧面代表了科学家对情感本质的探索和理解，也在不同层面丰满了我们对情感的认知。下面本书将重点介绍几个在研究领域、应用层面都达成共识的情绪理论，作为我们理解情感在个人层面施加影响的逻辑，为进一步分析传播层面的情感作用机制提供有力抓手。

## 2.2　若干重要的情绪理论及模型

在心理学研究领域，以情绪为主题的研究主要是围绕情绪产生的生理过程、情绪与认知的关系等维度展开的。这其中阿诺德的认知评价理论和伊扎德的进化分化理论不但取得学界共识，还被广泛运用到情感计算等领域中。下面对这两个领域予以重点介绍。

---

① 李月恩，王震亚，徐楠，等. 感性工程学 ［M］. 北京：海洋出版社，2009：4.

### 2.2.1　认知与情绪的关系：阿诺德—拉扎勒斯的认知评价理论

美国心理学家阿诺德（M. B. Arnold）在 20 世纪 50 年代提出了情绪的评定—兴奋学说，将情绪研究的重点从关注"生理变化"和"生理唤起"推向了研究"认知与情绪的关系"的发展阶段。该理论认为，一个刺激事件能否引发情绪，能够引发何种情绪，常常取决于人对该刺激事件的评价。阿诺德指出，虽然情绪的产生受到了客观环境的影响，但是环境中的刺激本身并不能直接导致或决定情绪，只有当人们认识了刺激与人的关系或对人的意义之后，情绪及其体验才会产生。此外，关系或意义在认识上的差异也会导致情绪活动在性质和程度上的不同。阿诺德的认知评价理论提出了一个解释情绪启动和反应的机制。这也正是阿诺德对情绪理论最突出的贡献。

持进化论观点的研究者则认为，情绪分为有意识的情绪和无意识的情绪两种。前者通常是指需要人的推理、判断等认知行为参与生成的情绪，阿诺德理论中所涉及的情绪主要属于这一类；后者也就是无意识的情绪包括两部分，一部分是指人在刚出生时就具备的原始情绪，另一部分是指非认知参与的情绪，这种情绪类似我们常常说的"下意识"。（R. Jenefer，1998）利·道克斯从解剖学的角度，为情感的两种存在状态（有意识和无意识）提供了生物学证明。他通过切除海马（与情感记忆相关）的方式发现，人脑中具有两条情绪回路，一条是快速的、无意识的情绪回路，这个回路主要由杏仁核直接将神经冲动投射到下丘脑完成，其作用是负责对简单特征进行加工，通过对危险环境做出快速反应而产生情感；另一条是缓慢的、皮质的情绪回路，这个回路通过激活基底核和脑干核，将神经冲动输出到唤醒思维/推理脑的新皮质，进而实现大脑对感觉到的信息进行详细分析，并以最佳的方式对情景做出反应从而产生情感。

如果说阿诺德是认知评价理论的提出者，那么拉扎勒斯则是集大成者。他在强调人与环境互动性的基础上发展了阿诺德的认知评价学说。他认为情绪是人与环境相互作用的产物，认知不是被动地充当环境刺激与情绪的媒介，而是通过主动调节来适应这种刺激。他将这种调节机制分为初评、次评和再评价。

源于利害判断的初评（primary appraisal）——这一阶段的评价往往出于自保原则。换言之，人在面对一个刺激事件时首先会关心是否与自己有利害关系，以及这种关系的程度。源于控制判断的次评（secondary appraisal）——这里涉及认知的调节。人们会在此阶段判断自己是否能控制住刺激事件，以及控制的程度如何。源于适宜原则的再评价（reappraisal）实际上就是一种反馈行为。如果再评价时，人们认为自己的情绪反应或者行为是不适宜的，那么就会调整自己对刺激事件的次评甚至是初评。这其中，社会文化因素影响着个体对刺激情境的直觉和评价。

认知评价理论后来多被运用在情感建模的尝试中。站在认知而非生理的角度为情感建模，不但使心理领域的情感研究在一定程度上摆脱了将情绪视为一种低端心理的现象，也为后来的情感计算提供了一个有力的理论基础。目前在情感计算领域颇受推崇的 OCC 情感模型就是在该理论的基础上建立起来的，这个模型不仅是第一个易于计算化的认知型情感产生模型，也为从传播的角度更立体、细致地掌握情感的认知层面提供了有利支撑。

### 2.2.2　认知与情绪的关系：基于评价理论的 OCC 模型和 PAD 三维情感模型

OCC 情绪模型是 Ortony、Clore 和 Collin 于 1988 年在 *The Cognitive Structure of Emotion*(《情绪的认知结构》) 一书中提出的，是对上述评价理论的发展（Lazarus，1991）。该模型将可以激起显著心理状况的情感分为 22 种（见表 2 – 2），并对情感刺激的特征做了详细描述，最后从建构的角度描述了刺激—评价—情感的联系。

OCC 情绪模型首先将刺激分为积极和消极两类，将评价分为三类，这三类分别是事件的结果、对行为的态度和对于对象的观感。该模型假定情感是对事件（高兴与否）、行为（满意与否）和对象（喜欢与否）构成情势的倾向性（正面或负面）反应。举例来说，如果我们将"你听说你的邻居被其丈夫打了"这件事当成一个消极刺激，你可能会因为想到邻居正在承受痛苦而感到同情（对事件），会因为不赞成这种行为而责备邻居的丈夫（对行为），作为一个人你不喜欢邻居的丈夫（对对象）而对邻居的同情和对打人行为不赞成会让你感到愤怒。

表 2-2　OCC 模型中的 22 种情感

| 积极情感 | 消极情感 | 积极情感 | 消极情感 |
| --- | --- | --- | --- |
| 为他人感到高兴 | 怨恨 | 希望 | 恐惧 |
| 沾沾自喜 | 嫉妒 | 满意 | 恐惧被证实 |
| 喜悦 | 苦恼 | 解脱 | 失望 |
| 骄傲 | 羞愧 | 满足 | 懊悔 |
| 羡慕 | 谴责 | 感激 | 生气 |
| 爱慕 | 憎恨 | | |

在人工智能领域，将 OCC 模型与 PAD 三维情感模型结合起来用正在成为情感建模领域的一个有效途径。PAD 模型是由 Mehrabian 和 Russell 于 1974 年提出的维度①观测量模型，其中 P、A、D 分别代表着：1. 体现个体情感状况正负特性的愉悦度（Pleasure - displeasure）；2. 体现个体神经生理激活水平的激活度（Arousal - nonarousal）；3. 体现个人对情境或他人控制状态的优势度（Dominance - submissiveness）。在具体的研究中，三个维度

---

① 心理学研究倾向认为情绪具有多维的结构，一个维度代表情绪的一种特性。维度论认为几个维度组成的空间包括了人类所有的情绪。在关于情绪维度空间的研究中，曾先后经历了情绪的一维表示（极度快乐—极度不快乐）、情感的二维表示 [正负两极（正性情绪—负性情绪）、强烈两端（强烈的情绪—弱情绪）]、情感的三维表示（快乐度、冲动度、松弛度）。目前 PAD 因为具有易操作的特性，是目前获得公认度最高的三维情感模型。

可以定位一个情感，例如愤怒的坐标为（－0.51，0.59，0.25）等。

表 2－3 情感模型特征描述设计表

| 特征 | | 刺激 | | | 愉悦度 | | | 友好度 | | |
|---|---|---|---|---|---|---|---|---|---|---|
| | | 轻微 | 中等 | 强烈 | 消极 | 中等 | 积极 | 内向 | 中等 | 外向 |
| 对象 | 奇怪 | | | | | | | | | |
| | 熟悉 | | | | | | | | | |
| | 危险 | | | | | | | | | |
| | 喜欢<br>不喜欢 | | | | | | | | | |
| 事件 | 期待<br>不期待 | | | | | | | | | |
| | 对自身有好处<br>对自身没有好处 | | | | | | | | | |
| | 致命的 | | | | | | | | | |
| | 预期的 | | | | | | | | | |
| 行为 | 自身<br>行为 | 成功 | | | | | | | | | |
| | | 被表扬 | | | | | | | | | |
| | | 被批评 | | | | | | | | | |
| | 他人<br>行为 | 讨厌的<br>亲密的 | | | | | | | | | |
| | | 有益<br>行为 | | | | | | | | | |
| | | 有害<br>行为 | | | | | | | | | |

### 2.2.3 认知评价理论的挑战者——伊扎德和他的情绪动机分化理论

伊扎德由 1972 年提出的情绪分化理论，被认为是多年来对情绪所做的最完满、最杰出的论述之一。与认知评价理论中隐含的预设不同，动机分化理论建构了一个以情绪为核心，包容整个心理结构以及它们之间相互关系的理论。[①] 而这一理论被认为是有力地挑战了情绪是一种副现象的认识，认知评价理论正是后一种认识的代表。

具体来说，伊扎德的贡献主要体现在三个方面：解释了情绪的进化与分化、情绪的过程与系统、情绪与人格的动机系统。情绪的进化与分化主要是从与情绪相关的神经系统的演化这一角度来说明情绪在有机体的适应和生存上所起到的核心作用。伊扎德认为每一种具体情绪都在帮助有机体对周围发生的一切事情保持敏锐的感应，当有机体确实接收或加工到某些对它来说可能立即产生或日后产生的某种后果的信息时，具体的情绪将会以不同的方式并在不同的方式上，促使有机体提高行为的转换力。这一过程实现了情绪的驱动作用。从进化发展的角度来说，随着每种新的情绪的产生，具有新质的动机品种和认知、行为倾向都随之增长。

---

① 乔建中. 情绪研究：理论与方法 [M]. 南京：南京师范大学出版社，2003：118.

关于情绪与认知的关系，伊扎德在他的动机理论中是立足人格整体，从情绪的功能视角予以解释的。他首先将人格系统分为六个子系统，分别是体内平衡系统、内驱力系统、情绪系统、知觉系统、认知系统和动作系统。在此基础上他又提出了一个独具特色的动机系统：内驱力系统、情绪系统、情绪—认知相互作用系统、情绪—认知结构系统。其中，情绪—认知相互作用系统是动机系统的主要组成部分。既然情绪在伊扎德的理论中占据着如此重要的地位，作为一名心理学家，他进而考虑的就是如何对情绪进行分解研究。在研究情绪的过程时伊扎德将情绪分为三个部分：主观体验（现象学水平）、外在表现（神经肌肉水平）和生理唤起（神经生理水平）。这其中主观体验也叫情绪体验，是在意识里组成相对独立于认知的过程[①]。生理唤起部分主要是指对中枢神经系统、外周神经系统、自主系的全部机构的活动。目前无论是在情绪研究学界还是在情感计算等应用领域，伊扎德关于情绪的分类已经成为公认的标准。在这三部分中，主观体验是最难测得的，从目前的测量手段来看主要是通过外在表现间接获得，如通过被试主动报告自己的体验，运用维量等级量表进行测量；这三者中生理唤起所涉及的神经基础包括脑中枢和外周神经系统以及自主系的全部机构的活动。目前测量脑中枢的方式主要是通过脑电图和脑成像技术实现的，而对于外周神经机制则主要是通过皮肤电（Galvanic Skin Response，GSR）、心电图（Electrocardi-

---

① 孟昭兰．人类情绪［M］．上海：上海人民出版社，1989：196．

ogram，ECG）、肌动电流图（Electromyogram，EMG），还有血压、体温和呼吸等，值得一提的是，喻国明教授及他的团队曾将这种测量手段运用到对广告效果的测评中，将传播学的研究方法推至前沿水平。

从现有的研究方法来看，对于情感外在表现的识别（或者叫情感行为的识别）往往能得到较为具体的情绪信息。外在表现识别包括：面部表情识别、语音情感识别和姿态识别。其中通过语言识别，可以有效识别出快乐、悲伤、愤怒、中性这几种情感，而通过姿态识别可以识别出生气、恐惧、悲伤、快乐等。生理识别模式和情感行动识别的不同在于能够采用的生理指标有几十种，但只有一部分与情绪有关，与外在表现的识别方式相比缺乏指向性。

## 2.3 情绪的功能

心理学将情绪的功能归纳为四点，认为：1. 情绪是适应生存的工具；2. 情绪是激发行为的动机；3. 情绪具有组织决策功能；4. 情绪是人际交流的重要手段。从上述对情感前沿的应用研究中，我们不难看出，工程学主要是将情感看成是生物体在复杂的、动态的、不可预知的以及资源缺少的环境中生存的适应性机制，并认为人工智能在面对这样的环境时，也需要类似的机制来达到与环境的适应。

对于传播领域的研究而言，理解情感主要是为了更好地理解传播中的人。从研究对象来看，传播所面对的首先是理性人，其次是社会人。这就意味着我们首先需要知道在一个具体的传播活动中，情感是如何影响信息加工的，情感的作用具体发生在哪几个方面。这里暂且不去提情感的副现象论还是伊扎德将情感视为人格系统中心的观点孰是孰非，毫无疑问的是，两种观点从两个截然不同的方向丰富了我们对情感的理解，在本节的最后，我们重点谈一下情感对认知的影响。

我们首先将情感分为正性情感和负性情感，正负情感还可以进一步分为中强水平的情感和高强水平的情感。如果我们将信息加工活动分为启动、过程、结束三个部分，那么情绪会在前后两个部分（启动和结束阶段）起到干扰作用，而在过程部分发挥导致认知进行选择性加工的功能。对于干扰功能而言，中强水平的情感具有提高认知加工的效果，而高强水平的情感则干扰或阻断认知活动；在强度一致的情况下，正性情感较之负性情感更能起到改善、提高的作用，而负性情感因为与痛苦体验相关，因此会使个体在认知过程中产生防御机制，干扰和阻碍认知过程（弗洛伊德）。而情感的选择作用则告诉我们，情感会限制信息加工的选择范围。例如，当父母对儿童施以威胁性要求或压力时，由于"威胁"会激发儿童的恐惧进而激起心理的防御机制，因此儿童的注意力就会指向如何避免惩罚，换言之，就是儿童会以如何避免惩罚而不是完成任务为中心产生行为反应。

此外情感还具有组织回忆和促进情绪分类的功能。前者指的是相较于负面情绪，在认知系统里正面情绪将有更多的机会进行精细的加工。而后者主要涉及评价标准的问题。实际上任何刺激事件都与人的感受有联系，当一个新刺激被个体接收到后，就需要与个体已有的归类标准和心理图示相匹配，这种匹配的结果往往有两类：1. 刺激与原有情绪分类一致，刺激加固了原有的分类。2. 刺激与原有情绪分类不匹配，那么依照具体情况会产生两种效果，一种是消化后产生新的情绪分类，另一种是拒绝再次接收相关刺激。

除了从认知与情感关系的角度来认识情感的功能外，孟昭兰还从人与环境的角度解释了情感在通信交流中的作用。她认为情感会促使同情和移情的产生，情感的交流需要固定的仪式两个方面。就前者而言，在人与人进行思想交流的过程中，情感不仅会促进言语交流，而且在交流过程中同对方的感情交流若能引起感情的反响和共鸣，情感就会相互感染，产生同情和移情。此外，情感的通信交流作用还表现在一些特定的感情联结上和社会的仪式中。例如，母婴的依恋是最初的，也是最突出、最重要的感情联结模型，而男女之间的恋爱又是另一种天然而又高度社会化的感情联结形式。

## 2.4 小结

在本节，笔者试图为情感研究寻求科学基础。这种科学基础主要在下述两个框架下展开。一方面是评估情感研究的重要性，另一方面是探寻情感与认知相互作用的机理。对于前者，本书是通过情感在前沿领域的运用中获得答案的，而后者主要是从心理学和神经科学中借鉴了相关理论和概念。

这样做的原因在于，"情感"在科学领域之所以长期遭受冷遇，不仅是因为"理性"对它的排斥所造成的，也是因为人们在面对这样一个研究对象时常常不知道如何下手，虽然伴随着科学的进步，脑科学家、心理学和神经科学家等从内部攻破的方式，逐渐打开了情感运作的黑箱，但是毕竟用自然手段可测的情感是有限的。除此之外，现有的理论模型都因其局限性而受到质疑。情感的复杂性与科学的普适性之间似乎存在着不可调和的矛盾，直到人工智能、工业设计等领域将一个个假想变成造福人类的现实，这一质疑才稍稍有所平复。而对于本研究而言，将多学科研究成果引入情感的传播研究中来是一种顺应潮流的选择。

# 第 3 章  情感研究的文化基础

上一章本书将情绪视为"心理生物结构的产物",主要想通过科学的视角了解"情绪"在一般意义上的普遍性。但事实上,即便人们在情感的外部表现(声音、语言、表情)上是共通的,也很难在情感的主观体验上保持一致。众所周知,人和动物都会通过面部表情表达悲伤,但是人建立在推理和想象力上的悲伤却要比动物复杂得多。在人类社会内部,这种体验上的差异主要由文化差异造成,并在实现有效沟通的过程中被进一步放大。

## 3.1  中西"情感观"的不同

从跨文化传播的视角来看,西方人在解读互动中的信息时,较为关注一个信息构成中客观性和真实性因素的含量,而中国人则容易受到传播者身份背景等因素的影响关注到信息中的情感倾向，这种对信息中情感因素的不同赋值可以看成是中西"情感观"中最大的不同。

### 3.1.1　西方"情感观"：互动中的"情理对立"

"情理对立"的情感观背后既有强调身心分离的哲学根源，又有强大的理性传统做支撑，笛卡尔那句广为流传的"我思故我在"就是对这一哲学根源的经典标注。强大的理性传统主要是指西方重逻辑的传统。这一传统是由《几何原本》中的形式逻辑（认识论）和通过系统的实验发现有可能找出的因果关系（方法论）两部分组成。① 众所周知，希腊半岛被看成是西方文化的起源地，在地理上有着作为沿海地区的开放性，以及发展商业、手工业和航海业的天然优势。这些自然条件使古希腊人有更多的机会与当时先进文化的代表如腓尼基人、埃及人、巴比伦人等学习关于商业、航海的知识。此外也正是由于商业、航海这种生产方式使人员的流动非常频繁，因此希腊人不可能像生活在农耕文明的中国人那样对人与人的关系产生太多的兴趣，对人的兴趣被对自然的兴趣所代替，且这种兴趣纯粹是一种对智慧的热爱。正是得益于这种无功利的好奇心，西方科学才得以在近代的发展中保持着不竭的动力。

---

① 连淑能. 论中西思维方式［J］. 外语与外语教学，2002，155（2）：44.

当然，理性力量之所以在西方人的思维中占据着如此重要的地位，除了上述历史地理原因之外，也与科学的社会影响相关。例如早期的西方社会思想正是得益于从自然科学的发展中汲取营养（例如，受到牛顿力学启发而揭示出的社会结构的力学关系；接受生物学带给社会科学线性的、阶段论的时间观念①），才创造出了一套与经院哲学不同的认识世界、认识人自身的方法，从而将人的认识代入自由的过渡；另一方面，科学与技术的进一步融合成为推动西方社会进步的强大动力，改变了西方蒙昧的状态，造就了东方从属于西方的格局。

总而言之，西方对理性、科学的推崇有着深刻的历史背景，历经过几个世纪的进化积淀早已内化为西方人思考问题时的原点。这就是情理对立的逻辑起点。

### 3.1.2　中国人的"情感观"：互动中的情理交融

中国人虽然重视情感但并不盲目。只是与西方的逻辑思维相比，东方的形象思维更讲究情理交融。值得一提的是，在近代化过程中，在各种西方思潮的影响下，当代中国人对情感所秉持的态度是复杂的，既有讲究情理交融的一面也有坚持情理对立的一面，表现在态度上就是对人与人之间的情感互动既渴望又怀疑。

---

① 王铭铭. 西学"中国化"的历史困境［M］. 桂林：广西师范大学出版社，2005：11.

中国人重视情感首先体现在语言上。汉语与情感的关系体现在汉语所代表的形象思维是情理交融的认知起点。翰森（C. Hansen）认为在汉语中名词一般没有可数与不可数之分，这个特点一方面使中国人在描述事物时不必将世界描述为个体组成；另一方面也导致家族的行为既可以由家庭来解释，也可以由个人来解释。翰森的分析从语言学的角度论证了中国人分析思维上的欠缺，"个体"概念与"群体"概念不分，并将两者转换得相当灵活。

当然，这并不代表中国人只讲情感而不讲理性，只是与科学精神所孕育出的对自然天然的好奇心不同，中国人的理性是从对人和对物两个向度上展开的。对于人，中国人的理性标准常常离不开个人好恶以及人情关系（guanxi）的分析框架；而对于物的态度，具体表现为科学技术的发展，中国人习惯于实用理性的态度。换言之，一旦现实不提出直接的需求，科技就没有了发展的动力。在《科学的历程》这本书里，吴国盛将其总结为致使中国古代科技落后于西方的首因。当然，中国的思想界毕竟历经千年的洗练，也曾出现过将情理对立起来的观点。这一观点的代表者就是儒家的另一位重要人物——荀子。在荀子的学说中，他认为"人性既然是生物性，当然没有什么理性可言"。[①] 他主张依照客观的理性原则对人性进行改造。对于情感，荀子主张"以理节情""以理制情"（《荀子·解蔽》），这些观点只是在当时并未被

① 蒙培元. 理性与情感［M］. 北京：中国人民大学出版社，2009：68.

纳入主流而已。

### 3.1.2.1　当代中国人对情感的纠结态度：既渴望又怀疑

当代中国人对"情感"的态度是复杂的，这主要与中国近代以来的两次剧变有关。一次是发生在 20 世纪 20 年代的新文化运动，另一次就是"文革"。对于中国人的情感体系而言，1923 年的科玄大战是个有象征意义的事件，因为它影响了年轻人的情感判断。科玄大战是在启蒙救亡的大背景下，在西学引入中国的过程中，在中国本土引发的关于中西价值观的大讨论①。论战是由北京大学教授张君劢（玄学派）在《清华周刊》上发表的《人生观》为始展开的。张比较核心的观点是认为科学并不能解决个人的人生观问题。此观点遭到了丁文江（科学派）的激烈批评，丁发文在《玄学与科学》上激烈批评"玄学鬼附在张君劢身上"。论战历时六个月，引得当时的思想学术名流②纷纷加入。两派争论的焦点为，玄学派认为科学派所主张的决定论和还原论并不能解决价值判断等人生问题，以及玄学派强调非理性的因素，等等。这次论战客观上为中国人特别是青年人思考情理关系、做出情感

---

① 主要背景是，五四新文化运动提倡白话文，当时有一批文学界的人士认为，书面语言的变革不只是文学形式问题，它还在强有力地动摇着中国人的文化—心理结构。于是五四新文化运动在提倡白话文反对旧道德的启蒙方面，就被延续地表现为某种对自己民族文化、心理的追寻和鞭挞。换言之，就是要求或企图把西方的近代科学作为一种基本精神、基本态度、基本方法，来改造中国人，来注入到中华民族的文化心理中。——李泽厚. 中国现代思想史论 [M]. 天津：天津社会科学院出版社，2004：44 – 55.

② 具体加入的有梁启超、胡适、吴稚晖、林宰平等人。

判断提供了一个崭新的维度。

"文革"对中国人情感结构最大的作用一则表现在高涨的政治热情中，人们将非理性的情感投射给亲人和朋友，在恐惧、愤怒、多疑、投机等多种心理的作用下，传统情感链被割断。一直以来，儒家都将以血缘为基础的人伦关系当成维持社会秩序的隐性基础。这其中家庭不但是最小的治理单元，也是训练一个人学习社会规则的"培训机构"。西方心理学、犯罪学的诸多研究都已经表明，在一个人的成长过程中，情感的社会化首先是在家庭里完成的①。如果在这期间，孩子的情感没有在家庭中得到满足或者反而受到迫害，就容易在长大后将这股不满足的力量投射出去。而整整十年，从改变家庭关系开始，"文革"也部分地改变了中国人的情感结构，在人与人的交往中注入了信任恐慌。

### 3.1.2.2　大众传播参与建构的情感

从媒介发展的角度来看，大众传播从一开始就以各种形式参与到了近代中国人的情感建构当中。这其中既有用笔做投枪唤醒中国人的梁启超、鲁迅，又有"文革"时期的"两报一刊"。在启蒙、救国和革命的宏大口号中，亿万生民在大众传媒的裹挟下，从思想到行为乃至习惯，都发生了深刻的变化。关于梁启超在启

---

① 弗洛伊德的经典假设"成人的性格是童年中冲突的反映（Erikson，1977）。杜·波伊斯（Du Bois，1944）经过进一步的研究指出埃勒人中母亲对年幼儿童的忽视造成了埃勒成年人在情感上的浅薄、怀疑和不稳定。

蒙维新时期的影响曾有这样的记录："士大夫爱其语言笔札之妙，争礼下之。自通都大邑，下至于僻壤穷陬，无不知有新会梁氏者。"① 而梁在评价自己的文风时说"条理明晰，笔锋常带情感，因此对于读者，别有一种魔力焉"。② 由此可见，维新思想家在运动之初就极其注意情感因素在传播中的重要作用。而"文革"更把矛头直指文化深处，而追求传播的强效果又要求首先在情感传播上用足力气。"每当'两报一刊'社论发表，全国上下就要'学习贯彻'，甚至连夜要求职工单位集体学习、座谈或者敲锣打鼓，游行庆祝"。从1979年之后又经过了13年，1992年中国人民大学舆论研究所发表的《中国社会人际关系与现状的调查》指出，"我国公众在人际交往中偏于被动、拘谨、怯生，过分强调'同气相求''人以群分'，缺乏对于异乎于己的人和事的包容心。此外，58%的中国人不喜欢串门聊天了，我国的邻里关系正由传统的紧密互动型向礼貌型的交往过渡"。（喻国明，刘夏阳）

实际上，随着社会的发展，在真实的情感结构中，既有历经碰撞—适应—再碰撞—再适应而沉淀下来的情感记忆，也有旧有的情感类型在新鲜事物的过程中生成的新情感，体现出情感演化的"同化"和"顺应"两种方式。从表面上看，似乎每一次结构性的变化都是由精英通过大众传播的方式所主导的，但若不与下

---

① 方汉奇，张之华主编. 中国新闻事业简史（第二版）[M]. 北京：中国人民大学出版社，1993：85.
② 方汉奇，张之华主编. 中国新闻事业简史（第二版）[M]. 北京：中国人民大学出版社，1993：85.

层基础有所呼应，所谓顶层设计也只能是空中楼阁。中国人的情感文化不是平白生成的，天然的地理环境和经济制度扮演了重要角色。

## 3.2 中国人的情感结构

### 3.2.1 情感结构具有地域性特征

汤因比曾经说过，"一部人类文明史，不过是人类面对自然和社会的挑战而不断迎战的历史"。自然环境之于人情感和性格的养成起着基础性也是先天性的作用。忽略了这个观察角度会让情感研究失去重要的根基。中国幅员辽阔，仅气候就横跨热带、亚热带、暖温带、中温带、亚温带和高原气候区六个气候区，其中中温带、暖温带、亚热带是覆盖面积最广的，也代表了中国南北的区分。梁启超曾从自然因素的角度分析过学术研究的问题，例如，在分析启蒙时期的研究精神时，他认为，当时的学风由空变实，但是求实的路径却有所不同，"南人明敏多条理，故向著作方面发展。北人朴悫坚卓，故向力行发展"。在分析孔子死后儒家的变迁时，梁启超提道："西汉儒家学派，可以地域区分，所谓齐学鲁学，风气各自不同……从地理方面看，在泰山以内，攘地褊小，风俗谨严……鲁派家法，严正呆板狭小，有他的长处，同时亦有他的短处。齐与鲁接壤，蔚为大国，临海富庶，气象发皇，海国人民，思想异常活泼。"梁认为在齐鲁两地儒家都师从孔子的时候，这种区别还不是很明显，但是孔子死后，两派就走上了迥异的发展道路，并将齐的学风比作罗马，将鲁的学风比作希腊。

地理因素对人的形塑在互联网传播领域也有凸显。2011 年 11 月甘肃校车事件发生之后，笔者曾以新浪微博中甘肃校车事件的评论进行了全样本分析，发现微博评论呈现地域性特征，京粤两地的网民参与度在全国遥遥领先，具有地缘接近性的周边省市的公众却并没有表现出显著的参与度。京粤两地网民公共事务参与意识很强，为网络空间的异地监督提供了典范。

### 3.2.2　中国人情感基调的"奠基者"——农民

有人认为理解中国必须要理解中国的农村，因为那里才是中国发展的底线。同样，理解中国人的情感必须了解农民，因为他们是这个国家人口数量最大的群体。这一点连情感表达最集中的文学界也不敢忽视。"作为当代的中国作家，可以不写农村不写农民，但如果对中国农村没有一个相对饱满和一定深度的了解，不可能真正了解中国社会的来龙去脉。""单纯的城市题材为什么不容易获得厚重呢？因为都市太复杂，不容易看透，也就不容易写出重量。"① 另一方面，农民从未成为大众传播领域的主角，但这一趋势将不再继续，随着中国城镇化的推进，农村人口必将深刻地影响传播的受众构成。这将是摆在媒体面前的共同问题。

在中国，研究者们常常将伦理本位、关系社会等作为解读本土问题的关键词。实际上，这些关键词之所以穿越百年依旧保有对中国社会的解释力，其原因在于中国作为一个农业国家的基本国情直到近二三十年才开始发生缓慢的改变。与海洋国家不同，中国从来都将土地视为财富的首要基础。"一切社会、经济思想以至政府的政策措施都以土地的分配和利用为中心。"② 而通常土地是无法移动的，一个人如果没有特殊的才能，祖祖辈辈都要留在土地上，那么家庭关系——这种由先赋性关系造就的长期关系——该如何维持，就成了这种生产方式下人们必须面对的问题。冯友兰认为儒家文化很大程度上就是这种家族制度的理性化。同样，这种生产方式也决定了中国人在交往的过程中更看重情感的成分，这在一定程度上是情感惯性的结果，也是经过千百年来的培育和熏陶作为进化的一个结果，成为中国人情感结构的一部分。

本书认为，虽然中国的土地制度已经发生了根本性变革，中国社会也步入工业社会，但是数千年形成的中国人的情感基调不会轻易改变。正如前面所谈到的，这种情感基调经过千年的演化

---

① 《城市题材不敌农村题材?》http：//www. chinawriter. com. cn/wxpl/2013/2013－12－02/183429. html

② 冯友兰. 中国哲学简史［M］. 北京：新世界出版社，2004：16.

已经积淀为中国人情感结构的一个组成部分。只是由于情感的适应性原则，人们更多地是通过转移情感对象的方式来适应新的情况。比如在计划为主的经济实体中，人们将这种情感投射给所在的组织，而在市场为主的经济实体中，人们会将这种情感投射给临时组建的群体、团队等。但是，随着社会现实的改变，中国人的情感结构也在发生合目的性的变化和调整，进化出更适应现代文明所需要的情感。

## 3.3　小结

　　情感研究的文化基础主要是从情感观和情感结构两个维度展开的。在分析情感观时，本书采取了固有的和流变的两种视角。固有的情感观是指，与西方建立在主客分离的哲学基础之上的情理对立相比，崇尚天人合一的中国人更讲究情理的交融。流变的情感观是指，当下中国人的情感观实际上是中西两种情感观的杂糅。情感结构的维度主要是通过考察决定这种结构的两大要因，即自然地域和主体人群——农民这两个因素，对中国人情感结构造成的影响展开的。

# 第4章 传播中四种主要的情感资源

关于情感的分类，无论是哲学、社会学、心理学，还是人工智能、感性工学等，从未达成过合意，其原因很有可能是各学科不同的研究传统、研究范式等造成的。古往今来，有不少学者如亚里士多德、休谟、亚当·斯密、达尔文、加罗法洛、罗尔斯等，都曾对各自领域的情感因素产生过或大或小的兴趣，在处理情感分类这个问题时，他们大多采取了问题导向，即围绕论述主题，选定其中最具代表意义的几种情感类型展开分析。例如，加罗法洛就在对犯罪进行社会学分析时，运用了情感分析的方法，重点谈论了仁慈感、怜悯感、正义感等几类犯罪行为所违背的道德情感。

依循这一"无意间"形成的情感研究路径，结合笔者对文献的梳理，对传媒（特别是网络媒体、社交媒体）的观察，认为如果从研究基础和实际影响两方面来说，同情心、爱、正义感和美感无论是从研究基础，还是从实际的动员能力来讲，是传媒领域颇具概括性的四类情感资源。这其中同情心和爱属于两个最基本的社会情感，是很多情感演绎的起点。例如由同情生出的怜悯，由爱推出的嫉妒等。正义感是一种道德情感，同时也是传媒领域关注度最高的道德情感。而选择美感主要是因为它是消费社会的主要内容，呼应传媒的市场属性。与同情和爱不同，后两种情感并不是一种单纯的情感，它们的形成大多需要后天的习得。情绪心理学家 Ekman 认为，人类基本情感的多数成分是普遍的，社会文化主要起到了精致情感的作用。① 正义感和美感就属于被文化精致了的"情感"。本书认为，情感的研究不能仅从情感的表达入手，因为表达是有限的，是无个性化可言的，但是激起某种情感的原因却是千变万化的。在微博上大家用激烈的语言表达愤怒，但在愤怒背后一百个人有一百个原因。如果不从基础层面弄清原因，就会使传播中的舆情研究、危机研究等流于表面，限于表面的互动，难以有深刻而有力的影响。实际上，从表面向深层原因深入的过程，也是打开情感传播的黑箱，展现一个新领域的过程。

---

① Ekman 长期致力于人类面部表情的研究，他和他的同事曾分析过盖达塞克（C. Gaj-dusek）在 50—60 年代所拍摄的关于新几内亚两个前文化民族在接触外界社会以前长达 10 万英尺的影片，发现这些民族在影片中所呈现出的表情与其他民族相比毫无特性可言，于是 Ekman 指出人类的表情是共通的。——孟昭兰. 人类情绪［M］. 上海：上海人民出版社，1989：205.

## 4.1  同情心

达尔文的进化论认为，同情心是一切社会性动物（如燕子、类人猿等）都具有的心理能力。在进化的初期，动物们通常只将同情给予同类，或是多少与自己有些情分或恩爱的个体。

人类社会在发展初期也遵循相同的规则，即只将同情心投射给同一族群的或是与自己相关的社会成员。值得一提的是，在弱肉强食的原始社会中人类起初并不同情被自然淘汰的同族成员。只是随着社会的不断发展，这种情感开始打破同类的限制，从种族、民族泛化到了人类社会的一切成员当中（这其中也包括在以往不被认可的身心有缺陷以及社会中能力欠佳的成员），并最终超越人类社会移情到了各种动物身上。换言之，人类对动物的同情是很晚才发生的，但是目前此类话题（对动物的同情）却是现在社交类媒体的固定议题。此外，与此相对应的是人类的道德标准也开始不断"进化"、提高。对一个人是否具有同情心的标准已经不再局限于他对自己人和对自己的族群这一狭小的范围，而是提高到对其他族群及动物是否依旧也怀有相同的感情上。同情成为社会性本能的情感基石。

中国自古就有关于同情心的思考。从形式上说它来源于孟子的"四端说"，但从根源上说它来自"仁"这一孔子思想的核心。

有研究者通过对《论语》的研究发现"仁"字在其中一共出现了109次，比"礼、义、忠、信"等其他概念都多。但是孔子虽然重视情感却未提到情感，而是由孟子为上述道德范畴（仁、义、礼、智、信）找到支撑其发生发展的情感基础，并进一步提出了"四端说"。孟子同样看重同情的作用并将它放置在首要位置。当然孟子在当时并未使用同情而是采用另一个与其相近的词语"恻隐"。孟子指出："恻隐之心，仁之端也。"值得一提的是，孟子在当时就已经将恻隐之心的指涉对象定为"对人"和"对物"两种了。历史总是"惊人的巧合"①。亚当·斯密在其前后修改六次的伦理学著作《道德情操论》中也同样看重"同情"并将其将视为自己研究道德世界的出发点。上述回顾表明，东西文明都十分重视"同情"这种情感，但在进一步研究时却各有侧重。相较于东方重整体的思维，西方哲人并不单纯地崇尚同情所起到的社会功能，而是运用分析的思路将这种情感逻辑的一面展现了出来，本书尝试在此基础上梳理出同情发生的机制。

---

① 马维力认为亚当·斯密写《道德情感论》时可能受到过孟子仁论的影响。其推断的逻辑如下。亚当·斯密与休谟曾是多年的好友，前者在思想上深受后者的影响。斯密和休谟有一个共同的朋友叫奎士内（Quesnay），两人曾在1763年、1764年连续两年前赴巴黎探访他。奎士内对中国文化非常向往并做过研究，还曾出版过著作《中国的专制主义》，此人与亚当·斯密并非泛泛之交，后者对奎士内非常尊重。因此，马维力推断亚当·斯密在撰写《道德情操论》的时候受到了孟子的影响。虽然这还只是后人对他们关系的推论，但是毫无疑问的是，达尔文受到了亚当·斯密的影响，他在《人的由来》中探讨人类情感时，曾在注释中较多地引用过亚当·斯密的观点。

### 4.1.1　同情心产生的首要原因是类似或者相同的情感体验

一般而言，同情心被分为两种：一种产生于自发的情感，一种产生于认知加工后的情感。后者所涉及的"认知"主要包括同理心（empathy）① 和想象力两种。亚当·斯密认为人们之所以可以对别人产生同情，往往是因为自己有过相同或者类似的情感体验。当见到"别人忍受着饥饿、寒冷或劳苦倦急的时候"②，如果个体有过一致或者类似的情感体验，那么就会条件反射般地对其处境产生同情，当然有时这种移情也需借助一定的想象。在现代社会，即便人们不具备关于某种痛苦的情感体验，通过借助两种外在的力量同情依旧可能发生。这种外力是指社会公认的道德标准和大众媒体。道德标准所起到的作用是当人们的情感体验为零时，认知中的道德标准依旧会告诉人们有必要对他人的这种处境予以一定的同情，但由于零体验所以是否会真正激起同情并不确定，只能说至少具有这种情感倾向。而大众媒体在很多时候则是弥补体验空白的利器。例如，当人们从报纸上或者从收音机里听到某个灾难消息时，在没有经历过的情况下，人们即便有同情的认知倾向也不能真正激起这种情感。然而这个消息如果是通过电

---

① 所谓同理心（empathy）亦称为共感、共情，是站在对方立场思考的一种方式，是EQ 理论的专有名词，是指正确了解他人的感受和情绪，进而做到相互了解、关怀和情感上的融洽。
② 达尔文. 人的由来 [M]. 北京：商务印书馆，1985：150.

视媒体呈现在人们面前的话，面对一幅幅悲惨画面，人们很容易在想象力的激发下产生一种真实的同情。

此外，同情对象与个体关系的远近也对这种情感的激起起着调节作用。当人们因为某件事或者某种处境而对一个人产生同情心时，情感的强度将依循亲人—熟人—陌生人的关系序列出现逐渐变弱的倾向。身体上或者智力上有残疾的个体同样可以唤起人们这种自发的同情。"最强壮的人，看到溃烂的眼睛时，他们自己的眼睛也同样由于相同的原因产生一种非常明显的痛感。"这一判断目前已经在心理学和表演学中得到了证实。

### 4.1.2　同情心的激起还与同情对象的情感表达是否适度相关

当个体从认知层面判断是否同情某种处境下的他者时，潜意识中已经对自己的反应有所预期，这一认知标准就是同情对象的情感表现强度是否与情感产生的原因相匹配。进一步说就是悲惨的处境＋激烈的情感表达并不会为自己带来同情，因为激烈的情感往往更容易启动人们心目中的防御机制。例如人们在不清楚原因的情况下最初是不会去同情一个发怒的人的，相反还会把同情自发地给予发怒者指责的对象，无论这个对象表现出来的是恐惧还是愤怒，都能在一定程度上得到旁观者的同情。在人们进一步理解发怒者生气的原因后，如果情感激起的强度和它产生的原因从各个方面来看是匹配的话，人们就会迁就或可能赞同他的激烈情绪；如果认为是不合适宜的话，人们就会反对。与此类似的情况还有恸哭，当人们看到一个不幸的人在恸哭时，如果认为相同程度的不幸落在自己身上时不可能产生如此剧烈的影响的话，人们不但不会给予同情，还会感到震惊。

虽然上述是两个关于负面情感的案例，但事实上，人们不但会对同情对象所表现出的悲伤、怨恨等负向情感施与同情，也会对其他人快乐的正面情感报以同情。只不过悲伤和怨恨这两种情绪则强烈地需要用同情来平息和安慰。还需说明的是，有时候人们所同情的并不是受难者所表现出来的痛苦，而是同情痛苦背后的恐惧。

### 4.1.3 同情心的三种功能：免除不适感、预期回报、道德评价的标准

谈到同情心的三个功能首先需要做个区分，将个人分为同情心的施与者和被施与者。1. 免除不适感。实际上，对于同情心的施与者而言，同情心在任何时候的激起（无论是基于类似的情感体验还是适宜的情感表达）往往都与某种不适的生理反应相关。人会本能地采取一些措施来应对这种不适感。而无论是对同情对象表示情感的支持，还是提供实际上的帮助，都能有效地帮助自己从这种不适的情感中摆脱出来。而对于同情心的被施与者而言，无论同情自己的人究竟出于什么样的原因，对自己表示同情或者

给予帮助也在某种程度上表示，人们对自己悲惨处境的认同，同样会使同情心的被施与者产生一种满足感。2. 预期回报是指同情心的施与者在付出情感后所形成的一种渴望回报的交换预期。具体说就是人们会在潜意识中认为对别人进行基于同情心的施惠行为，迟早会收到一些友好的报答。3. 道德评价的标准。事实上，由理性推导得出值得同情的事情并不一定会得到情感支持，很多时候这与个人如何表达他的处境有关。换言之，人们是否决定同情一个人，往往与他在所属处境中的行为表现是否符合人们心中的道德标准相关。例如，一个悲惨的人选择用极端的手段如犯罪等来表现自己的悲伤与适度地表现悲伤所获取的同情是不一样的，后者会因为更符合人们心目中的道德标准而更具获取人们同情的潜力。当人们决定将同情给予某人时，往往就意味着这个人的行为更加符合人们心目中的道德标准。

## 4.2　爱

爱是一切人和动物共有的情感语言。然而人与动物的区别是动物无法在复杂的关系中通过想象和比较，使爱体现出丰富的变化层级。西方古典美学在分析情感时，总喜欢运用一组组相互连接的对立范畴①，例如有爱就有恨，有喜就有悲，等等。这是在

---

① 余秋雨. 观众心理学［M］. 武汉：长江文艺出版社，2013：9.

提醒人们，若想真正读懂一种情感，必须要结合这种情感的对立面，才可能深化对这种情感本身的理解。正如斯坦尼斯拉夫斯基在谈表演时所说的，喜悦最好的表现形式绝不是放肆地大笑，这种情感的动人之处只产生于由悲转喜的一刹那。同样，爱与恨总是一对相生相灭的范畴，但是若想完整地理解"爱"，自然离不开"恨"的辅佐。表面对立的情感往往在深处产生于同一种动机。

### 4.2.1 爱与恨的发生学基础：想象与比较

想象是人类所独有的一种高级认知能力，是推动爱与恨不断变化的情感助推器。休谟曾在《人性论》中深刻阐述过①这一观点，并且强调了"比较"的重要。他认为，爱与恨这两种情感往往依赖于人们的想象和比较，本书倾向于休谟的判断。在伦理学和哲学的研究中，研究者多将同情心与爱放在一起论述，这是有一定道理的。因为发展过程中易出现由同情生爱，或者是由爱生怜的情况。在个别时候，这两种情感还会在主体毫无意识的情况下发生混淆。本书认为，如果将个体看成情感的发生源，从经验的角度来看，同情和爱在最初的激起阶段还是很好区分的，比如母亲对自己孩子的爱，再比如男女之间因为性吸引产生的爱等。

---

① 事实上，达尔文（1809—1882）在写《人的由来》时曾多次引用了休谟（1711—1776）的观点。

但是在情感的发展阶段很容易发生两者混淆作用的情况，例如母亲会因为爱孩子而同情孩子受苦，恋人也会因为爱情而更加同情对方等诸如此类。但是从这种情感的发生机制来讲，上述分歧并不影响下面的论述。

### 4.2.1.1　情感的同向位移

从发生机制来说，爱与恨分为先天的和有认知参与的两种。先天的爱主要指与生俱来的，而"有认知参与的爱"主要是指经由想象和比较这两种认知机制产生的情感。无论哪一种，它们在相互转化的过程中都遵循转移和扩展这两种变化规律。其中"转移"主要是指各种情感之间的同向位移，具体来说，人有一种情感倾向，就是由一种情感转到其他任何与之类似的情感之上。例如如果将"爱"视为情感的原点，那么怜悯、尊重、慈悲这些在此基础上升华出的新的情感倾向，也是"爱"这种情感进行转移时所遵循的情感路线。现代认知科学已经证明情感本身具有由下到上变化开来的逻辑，[①] 因此本书将"转移"进一步阐释为情感的同向位移；而所谓的"扩展"主要是就情感向外投射的对象而言。休谟认为虽然爱与恨的原因多种多样，但是"我们的爱永远指向我们以外的某一个有情的存在者"。这句话用来解释扩展功能则是说在情感和想象的相互作用下，当人们爱或恨一个人时，那些情感总要扩展到一切与对象接近的人群身上，用一个成语来

--------

① 丁峻. 情感演化论 [M]. 北京：科学出版社，2010：14.

概括就是"爱屋及乌",当然恨也同样。

### 4.2.1.2 想象——丰富情感的三规则

"想象"被哲学定义为"使本身不出场的东西出场"的"能力"或"经验"。① 现代心理学将其看成一种高级的认知能力,并根据想象活动是否具有目的性,将"想象"分为有意想象和无意想象。其中"有意想象"又可分为联想和回忆、创造性想象和幻想三个部分。事实上,由于"想象"总无法摆脱依靠直觉、引发幻觉的印象,因而在崇尚理性主义的西方学术圈中颇受冷遇。研究者对它的热情大多停留在"作为联想或回忆的想象"上。另一方面,"想象"与"爱"关系密切,是推动爱在程度上有所变化的重要维度,换言之,不理解想象就无法真正理解爱的变化。休谟是西方哲学家中极少数关注"想象"的人。本书根据其对想象的相关论述大致总结了这样三条有关的规则。需要提醒的是,这里的"想象"是在主—客的框架下进行分析的,不涉及第三者如旁观者等的想象。

想象易于由远及近,而不易由近及远。

这一判断是在"关系"和"情感"两个向度上分别展开的。关系向度是指,在以个体为中心展开的交往网络中,个体对对方的想象是依循与个体关系的远近来进行推移的,例如人们很容易由外人联想到自己,但是如果在此基础上"由己推人"往往就会

---

① 张世英. 论想象 [J]. 江苏社会科学,2004 (2):1.

比较困难。或者说个人很容易由一个陌生人联想到与自己亲近的人，然而一旦想象被转移到与自己相关的人身上时，就很难再回到起初引发联想的那个陌生人身上去了。情感向度是指，由于情感遵循自下而上不断升华的加工模式，那么依据这一原理，由爱出发的情感下一步就有可能升华为"尊重"和"慈悲"等。如果将个体看成情感发生的原点，那么情感的升华就是一个离开原点的过程。换言之，对于个体而言，相较于原生的情感，升华后的情感在情感距离上离自己更远。根据想象"易于由远及近，而不易由近及远"的原则，这意味着想象会在情感升华的过程中起到阻碍作用。

想象易于由小及大，而不易由大及小。

一方面想象始于注意，注意是想象所依赖的认知起点；另一方面，爱既可以因为想象而丰富，也可能因为想象而产生，这两点所强调的就是注意力之于爱和想象的重要意义。"想象易于由小及大，而不易由大及小"就是针对这一点说的。具体说来就是当一个人同时遇到两个情感对象，那么想象更容易发生在那个影响力较大的对象身上，或者在面对一个对象时，想象更容易由其突出的特质引起，其他细微的特质将很容易被忽略掉。

容易由晦暗的观念转到生动的观念，却不容易由生动的观念转到晦暗的观念。

这一点是指想象具有与情感一样的"扩散"功能，有着向夸张、极端的方向发展的倾向，不会仅仅停留在它最初的界限之内。

当然，无论将"想象"分解得多么清楚，一旦它与情感发生冲突，那么占据上风的则一定是情感。这里只是依据经验简单分析了想象在自然状态下可能存在的位移方式，在有外力干预和个体有意识的调节下这种推移路径是可逆的。

### 4.2.1.3　比较——打破平衡的危险因子

前面较多分析了想象与情感的关系，然而在实际的社会生活中，"比较"在引发爱与恨这两种情感时发挥着更加基础性的作用，同时也更为复杂。"关系"是比较所依循的最重要的标准。在谈想象时，本书更多是从个体的角度出发，借用了休谟思辨式的分析路径；在谈比较时，本书将变换分析的视角，由关注自我转向关注互动，并结合社会结构中的相关概念进行分析。

休谟认为"爱与恨总是有指向性的"。个人在向外投射这种情感时，往往与三个因素有关：1. 对方的评价与自我的期许是否一致；2. 对方与自己的关系如何；3. 社会角色。从社会角色因素考虑，社会角色往往是人们看待陌生人时所选用的比较维度，情感社会学中的"地位—权力"理论认为，在一个社会中位于高位者天然地处于社会情感链条的上游。在下面的论述中将结合比较维度之二——亲人、熟人、陌生人进行综合论述。

4.2.1.3.1　比较的维度之一：评价与期待是否匹配

人人都有自我证明的需要。然而不断与别人进行比较只能取得两种结果：一个是"别人更优秀"，另一个则是"自己更优秀"。第一种结果由于会跟"自我证明"的需要发生冲突，因此常常打破情感在常态下的平静。

比较往往与骄傲的情感相挂钩，当人们认为自己在外貌、才华、财产等方面较为出众时很容易体会到这种情感。在与人进行互动时，如果自己得以骄傲的资本能够获得别人的认可和称赞，那么作为交换，那个称赞自己的人很容易得到自己对他的好感（爱的萌芽状态）；同理，如果自己所骄傲的地方受到了别人的否定或者攻击，那么作为交换的另一种形式——报复，对方就会引发自己的厌恶。

### 4.2.1.3.2　比较的维度之二：亲人、熟人、陌生人

除了"骄傲"和"谦卑"之外，爱与恨的选择还和对方与自己的关系如何有关。本土社会心理学中在分析关系时常用到这样三个概念："亲人""熟人""陌生人"。这里将沿用这一分析维度，试图分析爱这种情感资源是如何在个人的关系图谱中进行分配的。

在这三类关系中，亲人关系因为具有先天性，情感所遵循的分配原则相对简单，主要是依据对方与自己关系的远近来分配自己的情感资源的。而陌生关系最复杂，熟人关系介于两者之间。

随着人口流动的频率不断加快，现代社会已经越来越演变为一个陌生人与陌生人相遇的社会。以往建立在血缘基础上的信任关系被破坏，如何为新的信任寻求情感的基础成为人与人交往中的首要问题。根据千百年来等级社会所培育出的情感惯性，本书

认为中国人在面对陌生人时，情感分配主要遵循地位和身份原则。即当一个陌生人的身份和地位越高，就具有了同先天性关系相同的优先获得他人正向情感资源的权力。需要补充的是，1. 这里的权力不是狭义上所指的政治权力，而是包括政治权力在内的经济权力、知识权力等；2. 人们不可能在所有情况下都能立刻掌握关于陌生人的身份、地位信息，这时人们就会依靠自己的视觉判断，例如从对方的言谈举止、衣着打扮等细节处进行推理判断，这种交往思维主要与中国人比较看重背景的文化因素有关。当然，虽然因为身份、地位的关系，一个陌生人可能最初获得了情感资源的优先权，但是如果其之后的表现并不符合人们起初的预期或者期待，那么这种情感就很容易发生改变。此外，人们在分配自己的爱与恨时，常常容易将对一个身份较高者的情感转移到与这个人相关的身份较低者的情感那里，而反过来的情况不是自然发生的。例如在官僚体制中，人们对一个上位者的尊敬（爱的次生情感）往往会转移到对其下位者的尊敬中去。但是对一个下位者的恶意（恨的次生情感）往往是不会上升到对其上位者的愤怒中去的。

这里虽然重点所说的是中国，但本书认为情感社会学中的"权力—地位"理论表明这一原理在西方语境中也具有一定的解释力。因为它符合人性中渴望仰视的本性。①

熟人关系就是"相识"。人们在分配这种情感时既会采取亲

---

① 余秋雨. 观众心理学［M］. 武汉：长江文艺出版社，2013：10.

人关系中的距离原则，也会采取陌生人关系中的身份原则。熟人关系的缔结常常遵循地缘、业缘、兴趣缘这三个原则，当关系最终稳定下来之后，人们不仅会在分配物质资源时对熟人有所偏爱，在分配情感资源时也会如此。例如由爱而生成的怜悯、同情等也会优先考虑自己的亲人和熟人。事实上，在实际生活中，在依照亲人、熟人、陌生人的关系进行情感资源分配时，上述三种原则与关系并不是严格对应的，人们通常会根据不同的情境对规则进行灵活运用。例如在亲人关系中，人们情感的分配不仅会遵循距离原则，对于亲人中社会地位较高的成员，人们也会倾向于优先的情感投入，等等。

此外，还有两条情感规律不但适用于比较原则也适用于想象原则。这两条原则是：第一，无论情感所投放的对象地位如何，与自己是否有血缘关系，其影响力是否引起自己充分的注意等，人们总是倾向于对自己主观感觉重要的人投入更大的情感资源；第二，无论在情感资源的分配中，想象和比较体现出多么优越的认知优势，一旦它与情感自发的推移机制发生冲突，情感机制将处于主导想象和比较的优先位置。

### 4.2.2 骄傲与谦卑的功能——交换资本和惩罚手段

与爱与恨相比，骄傲和谦卑不仅是两个更为单纯和独立的情感概念，也是生成爱与恨的两大情感基础。无论个人对自己的才能如何自信，如果自己所珍视的资本无法得到认可，那么这种骄傲情感都将难以为继，取而代之的则是深刻的自我怀疑。

这里以微博上常见的"炫富"和"炫美"为例进行简单阐释。对于炫富者和炫美者而言，将自己骄傲的资本在微博上展现出来的初衷（无论本人是否意识得到）无非是为了赢得注意—维持注意—获得来自他人的情感支持。这个初衷始于人的天性，并无善恶之别。本书将这种展示骄傲获取赞赏的方式视为情感的正交换。这种交换得以成立的一个前提是人们的赞赏是出于真心。换言之，一旦这种赞赏中掺入了有意为之，或者表面称赞实则嫉妒的心理因素，那么这种获取情感支持的模式就有可能演变为情感的负交换，更合适的表达应该是情感惩罚。在日常生活中最能代表这种现象的词叫作"捧杀"。情感惩罚主要是通过调控评价（赞同或不赞同）来作用于骄傲（继续骄傲还是自我怀疑）这种情感。总体上说，"捧杀"属于一种较为隐形的情感控制方式，还有一种方式是对骄傲的有意压制。

### 4.2.3 嫉妒：介于爱恨之间的消极情感

嫉妒是人和动物都拥有的情感，但是它并未被纳入人的基本情感之中，原因尚不明确，但有一点是肯定的，即一切情感资源的分配不公都会造成嫉妒的情感倾向，而选择在爱与恨的主题中重点探讨这个问题，主要是因为本书接受了进化论视角对嫉妒起源的解读，即嫉妒产生于异性为了保护自己的伴侣不被外人所抢夺所生成的情感。此外，也有充分的证据表明，在爱的另一种自然形式父母之爱中，也存在着争宠行为（达尔文）。从这两个论据来看，嫉妒情感是上述两种情感的移情或者说是转移。

心理学领域认为虽然中国人在使用嫉妒和妒忌时，一般倾向不加区分地使用，但是在西方，妒忌（envy）和嫉妒（jealousy）具有一定差异，并且在这一认知的基础上设计了两个不同的量表（具体见表4-1）。本书认为这种分类方式更多的意义主要体现在测量的精确性上，而在意义和伦理层面则同大于异。因此在本书中嫉妒和妒忌混用。

表4-1　妒忌与嫉妒的区别

| | 妒忌（envy） | 嫉妒（Jealousy） |
|---|---|---|
| 内涵不同 | 与渴望拥有某种东西有关，通常涉及两个人 | 担心亲密关系被破坏有关，一般涉及第三者 |
| 情绪体验 | 羞耻、挫败、自卑、渴望、敌意 | 背叛、不信任、焦虑、愤怒 |
| 社会接收程度 | 具有较强的隐蔽性，社会接收度低 | 受社会认可度较高，带愤怒 |
| 激活强度不同 | 相对弱 | 较前者更强烈 |

虽然目前的研究并没有对什么是妒忌产生一个统一的界定标准，但是研究者普遍强调了它的自卑、敌意和怨恨的特征（夏冰丽、朱利娟、郑航月，2008）。Parrott认为，妒忌是个体意识到另一个人拥有他渴望得到的一些东西（才能、成就、某一物体等）

而产生的一种希望自己得到或别人缺乏它的情感反应，它包含自卑、渴望、怨恨和情感否定的特征。根据休谟的解释，嫉妒这种情感虽然因比较而起，但是并不是指向所有的对象，换言之，人们在选择嫉妒对象时实际上是有章可循的。结合近期的研究成果，根据嫉妒所投放的对象，本书将嫉妒产生的原因分为一般和特殊两种。

一般性规律是指共存于人类社会的嫉妒。这种情感主要发生在：1. 父母与孩子之间；2. 男女之间。对于第一种，嫉妒的表现形式主要是争宠。事实上，家庭中的父母与社会中的权威是同质异构的关系，所以在权威面前的争宠行为也遵循同样的情感规律。对于第二种，本书认为它是恋父、恋母情结在人成年之后的投射。恋父情结又叫伊勒克特拉情结，弗洛伊德认为，这是女孩在 2~3 岁时具有的无意识的欲望，是女孩因为对父亲的爱而产生的对母亲的敌视与轻视，这种情感持续时间长，不易升华。而恋母情结虽然在产生机制上与前者相同，但是男孩会在 5~6 岁的时候加强与父亲的认同，抑制反父亲的欲望。① 有研究对成年男女之间的嫉妒原因进行了调查，结果表明女性认为男性在选择伴侣时更重视其外表的吸引力，而男性则认为女性在选择伴侣时更看重社会地位，因此外表因素常常被视为引发女性嫉妒的一个刺激因素，而社会支配能力则容易引发男性的嫉妒。上述这两点可以说是嫉妒产生最具普遍性的两个规律，而嫉妒的特殊规律则与文化和个

---

① 简明哲学辞典 ［M］．上海：上海辞书出版社，2011：196.

人关系两个维度相关。

### 4.2.3.1　嫉妒与文化

有人曾经将嫉妒做了东、西的划分，认为"西式嫉妒"的主要特征是"你好，我比你还要好"，而"东式嫉妒"的特点是"我行，可不能让你和我一样行"。两者的不同在于前者强调超越，而后者强调压制。此言在当时曾引起学界的关注，指责者、认同者皆有之。本书认为从西方文化重超越，东方文化重等级来看，这种分析是有基础的。在实际的生活当中，东方式的压制是在两个向度上展开的：1. 当个人实力与嫉妒对象的实力不分伯仲时，个人就采取超越的形式对抗这种情感；2. 当个人实力与嫉妒对象的实力相差过大时，个人将采取期待一个更强的人对其进行镇压的方式来对抗这种情感。

### 4.2.3.2　嫉妒情感的关系原则

嫉妒作为介于爱与恨之间的一种情感，人们在进行情感分配时也同样遵循关系原则。具体地说，嫉妒较容易产生在同类关系和相关关系中。1. 同类关系。优点和成就不相近时一般不会产生嫉妒，就像一个诗人不易对一个哲学家产生嫉妒一样，不同类的人往往不具可比性。2. 相关关系。人们总会对自己身边的人在地位和角色上的变化产生嫉妒。根据人们都有证明自己需求的假设来看，当一个人与地位低的人相比较时，比较容易对自我产生正面的评价，因而产生愉悦的情感。但是当这一现状被打破时，认知就会出现暂时的混乱，对于以前不如自己的人的肯定就是对自我的否定，它触犯了前面提到的骄傲原则，而这种认知也会打破通过愉悦感而维持的情感平衡，快乐减少痛苦增加，这时就容易产生嫉妒。

在一个社会评价多元的社会结构中，一个诗人可能不容易对一个哲学家产生嫉妒。但是在一个评价机制单一的社会结构中，例如对人的评价一律从财富或者权力来看的话，那么不同的专业角色也可能引发嫉妒。例如财富在某个专业领域的集中或者统治阶层通过身份赋予的方式表达对某一种学术的偏好，等等。这种赋权所产生的情感逻辑本身与本节前面提到的权威情感的逻辑是相似的，所以在社会评价高度统一的组织架构里，嫉妒也会发生在不同的专业人员身上。

### 4.2.3.3 嫉妒的社会功能

嫉妒之所以受到研究者的普遍关注，主要是作为这种情感的次生情感恶意和怨恨等常常会引发极大的危害性。例如极端妒忌导致的暴力事件和犯罪事件很早就得到了人类学家的关注（Foster，1972；Schoeck，1969）。有人从个体的层面概括了嫉妒所造成的影响后认为，妒忌会在身心健康、攻击行为、道德行为、幸灾乐祸等方面施加一定的影响。（吴宝沛、张雷，2012）本书认为由于资源分配不公，嫉妒分布的领域是十分广泛的，不仅如此，很多时候大众媒体还在提供着相关方面的想象。在嫉妒所引发的所有次生情感中，偏见所发挥的社会效果最大。有研究认为偏见与能力（competence）和热情（warmth）有关，在以能力和热情为横纵轴组成的四个象限中，人们往往倾向于对高能力低热情度的群体产生高度的嫉妒①。关于这一点的详细分析将在第6章进行详细的论述。

## 4.3　正义感

"正义"是一个涉及财产权的概念。休谟认为人的情感和资源的配置方式是产生正义的两个先决条件，两者任何一方发生改变，正义就会发生变化。② 在犯罪学中，伤害正义感的罪行包括：1. 对财产的暴力侵犯，即抢劫以及威胁敲诈、对他人财产的蓄意破坏、纵火等；2. 不包含暴力但存在违反诚实情况的犯罪，如诈骗金钱、侵占他人财产等；3. 以正式或庄严方式所做的对个人财产或民事权利造成间接侵害的陈述或记载，如伪造证据、隐瞒法定身份等。可以说无论从哪个角度谈正义都离不开财产权。

罗尔斯在其撰写的《正义论》中就曾谈到，"负罪感和羞耻

---

① 吴宝沛，张雷. 妒忌：一种带有敌意的社会情绪［J］. 心理科学进展，2012，20（9）：1473.

② ［英］休谟. 人性论（下册）［M］. 北京：商务印书馆，2006：499.

感有不同的背景和不同的克服方式……因为前者是针对别人对我
们的不公正行为的，后者是针对别人对他人的不公正行为的"。
换言之，不同的人虽然会对正义做出不同的归因，但是共同的情
感表现如愤怒等却让这些不同的归因在情感的层面上获得了共鸣。

本节在休谟和罗尔斯关于正义的理论基础上，采取西体中用
的方法，从情感的视角分四个方面解构中国语境中的正义。这四
个视角是：正义的形成、正义感的社会发展、正义感的功能以及
中国的义利观。

### 4.3.1 正义的起源：情感基础和社会的产生

正义产生的情感基础是什么？在孟子看来是"羞和恶"，在
休谟和罗尔斯看来则是快乐和痛苦。结合现代心理学的研究，本
书将正义感进一步分为六种更符合个体情绪发生规律的情感，它
们是愉悦（快乐、赞赏）、痛苦、厌恶（不赞赏）、愤怒（义
愤）、害羞（羞耻）和自罪感（负罪感）。这其中，"愉悦""痛
苦"和"厌恶"是人一出生就具有的三种情感，而愤怒是在孩子
7～8个月的时候会稳定出现的情感，与"羞耻感"相关的害羞和
自罪感则一起出现在孩子1～1.5岁的时候，害羞在孩子2岁时趋
于稳定，自罪感则在孩子3岁的时候才开始成为一种经常性的情
绪。（孟昭兰，1989）。上述这些都是情感在没有接受后天教化和
习得时的本真状态。然而随着后一种过程的逐渐展开，这些情感

在不同的文化中被分配给了不同的社会标准，例如中华文化将"羞耻"分配给了正义，而西方文化将"负罪感"与正义相挂钩等等诸如此类。

进化论指出，最初人类的欲望和自身的才能之间存在着一个悖论，即人们有限的才能无论如何都无法满足自身无限的欲望。在一个没有"社会"的原始背景中，上述悖论是一道无解的难题。然而随着自然的进化发展，人们最终发现"互助""协作"和"分工"是解决上述难题的有效途径。这是因为一方面通过"分工"，人们促进了自身才能和能力的增长；另一方面，"互助"与"协作"的合作机制大大提升了人们抵御意外的能力。当协作与分工形成并开始发展之后，"社会"这种全新的组织方式便呼之欲出了。当然这种理性诉求背后也蕴含了当时的人们对同类利他行为的渴望。事实上，社会的产生并没有为理性与感情之间的冲突提出良方。它形成不久，人类自私且有限慷慨的天性与合作所需的利他精神之间便出现了某种无法调和的矛盾，诸如分工需要与个人利益发生冲突时该如何处理，等等。本节重点阐释的"正义"就是在调和此类矛盾中发展起来的。

值得一提的是，上面这段叙述可能会带来这样一种认识，即认为一个人的正义感只与这个人的认知能力相关。这种判断不但在解释正义的进化机制时不成立，用来解释正义后来的发展阶段也是不恰当的。众所周知，原始社会的人们并没有现代人的推理水平，但正义却是在那时产生的；如果将正义与一个人的认知能力画等号的话，那么最具推理能力的人就应该是最具正义感的人。但是只要结合日常生活的观察就会发现，不相符的例子比比皆是。在现实生活中，一个推理能力有限的人，很可能是一个相当有正义感的人，而且这种正义感往往是自然而然生成的。

## 4.3.2　正义感的社会发展

童年、少年、成年是每一个人都必须经历的三个成长阶段。罗尔斯在《正义论》中依照这三个阶段，为人们描述了现代社会中一个人的正义感是如何形成的。罗尔斯将形成于这三个阶段的正义感分别命名为权威道德、社团道德和原则道德。他认为这三种道德所具有的共性特征主要体现在情感上，它们得以成立的基础全都指向基于某种情感关系上的信任，并且在养成的过程中需要一些奖惩措施的辅佐。罗尔斯的正义论并不能完全地移植到中国的语境中来，本书在其基础上进行了合语境的改造，并将重点放在正义感形成的前两个阶段上。

### 4.3.2.1　正义感社会化的第一步：家庭正义

家庭是培养正义感的第一课堂，父母是孩子人生中面对的第一个权威（有研究表明，孩子与父母互动的方式，常常会成为孩子成长过程中与其他权威互动的模板）。因此罗尔斯将其命名为权威道德（本书将其修改为家庭正义）。对于任何一个人来说，家人之间的关系都是一种先赋性关系，对于每个儿童来说，家庭结构也是他们一出生就必然要接受的"社会分工"（尽管儿童无法完全意识到这些），所以，社会分工虽然是正义得以成立的前提条件，但在这里暂不涉及。

人们谈论正义时总是偏好纯理性的角度。实际上，无论是孩子还是成人，正义感起初都是建立在一定的情感基础之上的。在很多场合这种情感被描述为"信任"，需要进一步说明的是，产生于情感的信任与其他信任不同，它始于人们的自发状态，强调的是自由；而不是某些信任所隐含的那种强制信息，只有在这些强制力（法律、契约等）的保障下那种信任才能形成。根据这段分析，不难发现在家庭中培养正义感，有一个天然的优势，那就是父母对孩子无私的爱与尊重。当然，如果父母对孩子很粗暴，不尊重孩子的意愿，那么这种家庭只能培养出消极的顺从或叛逆，而不是利于社会的积极正义感。关于这一点，精神病和犯罪学研究中已有较多例证，这里不再赘述。当一个处于襁褓期的孩童逐渐确定了父母对自己的爱之后，会进一步生出对父母和周围环境的信任。如果这个阶段没有出现任何意外，那么孩子就会通过模仿、学习和父母适宜的指导开始学习关于正义和不义的判断。这时模仿父母判断是非的行为就成了孩子眼中"正义"的雏形。

随着孩子的成长，他们会由毫无判断力的一味模仿发展为有判断力的选择性模仿，此外，孩子自身随着年龄而不断增长的欲望也会与父母的命令之间产生矛盾，这时正义与不义的标准就由

只要父母认可的就是对的，转为对父母的命令"顺从的就是对
的，反抗就是错的"上来。这种家庭正义虽然适用于常态化的家
庭，但是在任何社会家庭正义都会打上阶层差异的烙印。例如有
研究者发现，在中国社会公平体现着阶层差异，而公平感也会随
着阶层的上升而逐渐增强（高文珺、杨宜音、赵志裕、王俊秀、
王兵）。乍一看，这一研究结果似乎与家庭正义毫不相干，但如
果结合中国社会本身具有家国同构这一具体语境来看，那么社会
公平所体现出的阶层差异与这里所描述的家庭正义的阶层差异就
有异曲同工之妙。

### 4.3.2.2　正义感社会化的第二步：群体正义

社团道德中的"社团"被罗尔斯定义为"基于交往范围广泛
的各种实体（甚至包括国家）"。事实上，"社团"这个词对中国
社会的适用性是值得商榷的。梁漱溟在《中国文化要义》中就谈
到，中国缺乏西方社会中的集团生活，原因在于缺乏这种生活所
必需的自治精神。西方的自治精神是通过用"教会凝结力"替代
"家族凝结力"的方式完成的。这个判断即使用现代的眼光来看
也是成立的。数十年的变革所改变的只是这个社会的表层，中国
社会直到今天仍旧是一个家本位的社会，西方意义上的"社团"
尚处于边缘的培育阶段。总而言之，中国社会目前处于以"家本
位"为主，社团本位或与前者并存，或与前者混杂的阶段。综上
所述，本书认为"群体"或者"集体"是一个比"社团"更符

合中国语境的词语。

　　以中国的语境为例，群体正义主要出现在孩子开始接触集体生活之后。具体来说，群体正义就是当孩子离开家庭开始社会交往以后，在以业缘或兴趣缘为导向所形成的群体中被培养出的正义感。这种正义感在发端之初也必须基于一种喜欢、依恋等的情感。正义感在最初的生成阶段是自发的，能否持续下去，则与社会分工是否公平相关。如果每个人都能在公正的分工中，坚持恪守岗位（即便与自己的私利发生冲突时，也能自觉地以岗位为重）这种利他行为的话，那么这种最初的情感就会从朦朦胧胧的好感升华为对群体中某个人或整体的友谊和信任。信任机制一旦启动，个人就开始倾向于接收这个群体所遵从的一切关于正义的判断。这个倾向一方面会使个人将群体规则内化为自己的行事规则，另一方面也会在自己没有恪尽职守或者损害到同伴利益时体验到一种羞耻感（或负罪感）。任何一种形式的欺骗和背叛都可能引发破坏群体正义的情感。需要注意的是群体正义同样具有阶层差异，没有任何一个正义的标准能得到所有群体发自内心的认同，因此当一个人选择认同某一群体关于"正义与不义"的判断标准时，就意味着他有可能排斥与自己群体不同的其他关于正义的标准，换言之，群体正义是一种排他性较强的情感。

　　最后一种正义是一种超群体的公共正义，在西方社会主要表现为法律和道德，在中国则主要表现为道德、习俗和法律。如果除去公共正义中涉及法律的部分，那么公共正义主要针对的是社会中的搭便车行为。事实上，现实社会中的正义往往更为复杂。家庭正义、群体正义和公共正义既表现为正义感在社会化过程中的不同时间节点的沉淀，也是人们在判断正义行为时的不同标准。很多时候家庭正义、群体正义甚至是国家正义之间存在着相互冲突的情况。此外，做出正义的判断和付诸正义的行为之间往往还有一段不小的距离。但是可以肯定的是，不论一个人是破坏了家庭正义还是破坏了群体正义，甚或是公共正义之后，在面对不同人群的指责和非难时，个体并没有体验到羞耻、愧疚、痛苦、愤怒等情感，那就说明个体与家庭、群体或者国家产生信任的情感基础已经发生了改变。在本段的最后，笔者按情感基础、情感关系、解释范围、正义的表现、正义与非正义以及正义与否为标准，将上述三种正义感做了比较并列于下表。

表4-2　中国语境下的三种"正义"

|  | 家庭正义 | 群体正义 | 公共正义 |
|---|---|---|---|
| 情感基础 | 无私、无功利的爱 | 对群体的依恋① | 前两种情感＋同情 |
| 情感关系 | 由爱而生的信任 | 友谊和信任关系 | 友谊和认可 |
| 解释范围 | 社会的小单位——家庭 | 交往实体 | 社会、国家 |
| 正义的表现 | 接受父母的命令 | 交往群体公认的义务和准则 | 不搭便车 |

--------

① 人与人之间建立起来的，双方互有的亲密感受以及互相给予温暖和支持的关系叫作依恋（attachment）。彭聃龄．普通心理学［M］．北京：北京师范大学出版社，2011：365.

|  | 家庭正义 | 群体正义 | 公共正义 |
|---|---|---|---|
| 正义与不义 | 自我的欲望与父母的命令 | 尽责和失责 | 上述行为时常发生和不常发生、不发生 |
| 正义与否的标准 | 顺从还是抵抗 | 尽责还是失责 | 获得认可还是指责 |

### 4.3.3 正义感的功能

正义感是社会出现以后才有的道德情感，它的存在有效调节了人们的私欲和社会利他需求之间的关系。从社会功能的角度来看，正义感的影响主要体现在以下三个方面：1. 维护团结。正义的出现是为了保障利他行为的常态化以及社会分工能够保持在一个合理的区间之内。社会成员各司其职，分工协作，这既是社会产生的原因，也是其维持下去的理由。此外，一个充满正义感的社会也意味着人们对家庭、群体和国家还存在着依恋和信任，否则人们不会选择维护正义而是会直接采取暴力。正义是在这个意义上维护了社会的团结。2. 控制手段。人都有证明自己的需要，天性中也都有自私的基因，但是社会合作需要一定程度的妥协、让步和牺牲。当私欲与群体需求、公共需求发生冲突时，人们心中的惩罚机制就会因正义感的破坏而被自动启动。这种惩罚机制包括：权威或群体成员在情感上的疏远，对个人行为的指责以及表示不认可等。从破坏正义感的个体来看，上述这种行为就是外力通过各种惩罚手段要求自己对私欲要有所控制。此外，这种惩罚还能起到警醒其他成员的目的。因此在统治阶层看来，定义谁是正义谁是不义的做法本身也不失为一种有效的控制手段。3. 寻求认同。正如前面所说的人都有自我证明的需求。但是光有这种需求并且为此努力是远远不够的，因为人的社会性决定了证明自我必须与他人的认同相关联。很多时候，行为是否正义，是否符合群体的标准、公共标准，常常被看作是不同人之间、不同团体之间进行交往的基础。换言之，正义是寻求认同的基础。

### 4.3.4 中国人的义利观——正义感的文化维度

上面关于正义感的讨论虽具有一定的普遍性，但依旧不能完全解释中国本土的问题。西方社会将一切关于正义的预设建立在三个基础之上：1. 平等的社会观；2. 正义的标准取自"就事论事"；3. 较强的维权意识。但是中国不同，这种不同具体表现在以下三个方面：

第一，重等级的资源配置方式。

儒家所提倡的"君臣父子"的等差之爱，直到今天仍影响着中国人的认知。中国人在评判一件事情是否正义时，常常会考虑到评判对象的身份和角色。如果行为符合角色预期，那么人们就倾向于认为是符合道义的，也就是中国式的正义。

第二，人情社会。

以人情、面子为基础的习俗性规则仍然是中国人心中的重要参照，发挥强大作用。中国人对正义行为的判断常常奉行事理和情理的双重标准，很多时候，正义与否会随着人情关系的改变而改变，颇具灵活性。

第三，不习惯以对抗的方式抵制不正义的行为。

传统的中国人不善于合理地表达自己，哪怕是正义的诉求。要不忍耐退让，要不就是私了，较少借助法律手段。有研究者通过分析中国谚语中涉及处理不公感的方法发现，在近 1 万条谚语中有 293 条涉及在遇到财产分配不公平或吃了亏后，应采取的行动及态度。在这 293 条谚语中，只有 1 条是主张送官法办，9 条主张对抗行动，此外还有 54 条是反对后者（也就是 9 条）所指涉的行动的。在有关处理不平事件的谚语中，有 54 条认为恶者是自有报应（18 条反对），40 条认为会有天诛或冥报（有 2 条反对），19 条认为作恶的恶果会报应在儿孙身上（有 1 条反对），还有 69 条是尝试将不公平合理化（如"吃亏是福"，只有 1 条是反对将不公平事件合理化）。黄光国（1977）分析了台湾地区民众应付日常生活难题的方法，其中只有 17%的被调查者采用直接面对问题的方式，而 49%则是消极反应（例如忍、诉诸超自然力量、不采取任何行动以及在认知上将问题合理化）。

当然也要看到上述这种观念也在市场经济的不断冲击下有所改变。例如家庭之所以可以成为中国社会结构的原点，是因为传统中国是一个农业国家，以家庭为单位的农业生产注定将人们都拴在了土地上。但是如果人一旦流动起来，那么在理论上原有的关系就存在着被打破的可能。但是打破之后既提供了建构的可能，也提供了在原有基础上进行变形的可能。以改革开放为例，集体的组织形式和市场的资源配置手段，让农村里的年轻人对土地不再有依恋，越来越多的人离开家乡到陌生的地方打工。这种外力对固有的家庭关系产生了一种割裂的效应。但结果却是越来越多的人，将以往对"亲情"的依恋转移到了对组织的依恋上来，形成群体正义的一种情感基础，主要是通过在原有基础上的变形达成的。另一方面，资源配置方面的改变往往意味着一个新社会阶层的形成，这个新群体往往意味着一个新的定义正义的标准，而在这个基础上形成的正义感采用的就是建构的方式。总而言之，正义感形成的基础虽然是信任，但是人们在实际的运用中却表现得相当灵活。

## 4.4 审美情感

在康德美学中，审美情感的基础是快感，是审美对象在个体心中所引发的一种无功利性的愉悦感。这里的"无功利性"主要是指这种愉悦感的产生既与个体所掌握的关于该对象的知识无关，也不牵涉个体对该对象的任何认知加工。"无功利性"不仅使美感与一般意义上的愉悦感①产生了本质差别，也将它与上述谈到的正义感等道德情感做了区分。对于后者康德认为尽管在很多时候道德情感也能让人产生愉悦的感受，但是当个体觉得对象是善的时候，往往加入了善恶标准的认知判断，而不是如审美情感一般只与个体的情感相关②。众所周知，关于美学的研究往往集中在哲学领域（还有前面所谈到的感性工学），而哲学家探讨"美"的方法主要是思辨性的。随着现代科技的不断发展，越来越多的美学研究打破人们对思辨研究的刻板印象，纷纷从生物学、神经科学等外学科的研究成果中找寻支撑自身美学观点的科学论据，为美学中的一些概念提供了可操作化的定义。

### 4.4.1　审美情感的科学基础：进化论和神经美学

持进化论取向的美学研究者（黎乔立，1992；王世德，1994）从功能的角度，将康德（1724—1804）所强调的"非功利性"归因为人类长期进化的产物。他认为审美所带来的"快感"是一种来自高等动物的"形式快感"，它产生于一切生命体均存在的节能和缓解的需要。达尔文（1809—1882）在《人的由来》

---

① 康德认为，一般意义上的愉悦感往往与个人的利害关系相关。

② 神经美学家荣格（L. Young）和克因斯（M. Koenigs）在研究审美认知和道德认知的大脑机制时，曾借助神经成像术实验发现，左侧前额叶的腹内侧正中区与道德情感的判断密切相关，且左侧前额叶的背外侧正中区主道德情感的体验高峰；另一方面，右侧前额叶的腹内侧正中区与审美情感的判断密切相关，且右侧前额的背外侧正中区主审美情感的高峰体验。（Koenigs et al.，2007）

中专门谈到了动物的审美问题。他认为雄鸟在雌鸟面前事无巨细地展示着自己色相俱美的羽毛，并在求爱的季节用甜美的歌声来吸引雌鸟；各种蜂鸟（humming - bird）会用各种颜色的物品将它们的鸟巢打扮得颇为雅致，等等，诸如此类的现象说明动物也是具有鉴赏能力的，此外，人和动物会对一些同样的颜色、声音等抱有同样的愉悦感受。

审美产生于人和动物的节能需要，是指高级动物在睡眠和为了生存所进行的必要活动之外还存在大片的"空白时间"。大自然为了帮助人和动物有效地应对这段时间而进化出大脑的审美功能。这一过程所依据的进化原则是：1. 人和动物需要在"空白时间"内保持大脑的清醒状态，以便应付各种突发状况。2. 为了应付各种突发性事件，机体的各部分需要有一定的能量准备，并且要处于一定的兴奋状态。3. 在保证前两者的情况下，要尽可能地减少能耗。总而言之，"节能"所达到的功效就是增强了动物和人类在生存竞争中的实力。实际上，斯宾塞和维戈茨基都曾将审美与"节能"联系在一起（王世德，1994）。审美情感通常是指"愉悦的情感"或是"不愉悦的情感"，如果从"节能"的角度来看，"愉悦的情感"比"不愉悦的情感"更具节能效果，这是因为"不愉悦的情感"往往需要个体动用更多的能量。例如，在一般情况下，当人们感受到不愉悦的情感时，往往要经历生成一平复一消失三个步骤，这其中，"平复"阶段往往会因为需要动用更多的认知加工而消耗个体的能量，而这一阶段对于愉悦而言是不需要的；另一方面，动物和人在面对外界刺激时常常会产生应激反应。但是很多时候也存在着由"应激"过渡为"过激反应"。"过激模式"一旦启动，会同平复"不愉悦的情感"一样需要较大的能量，有时会需要借助外力才能平复，心理学将这种方式称作"转移注意力"，审美活动就是注意力转移过程中被惯常化了的活动之一。因此，研究者认为审美之所以得以保存、进化也是应人类需要在过激情况下"缓解情绪"的结果。

随着神经科学的不断进步，镜像神经元的发现终于打破了美学研究因缺乏科学论据而受到的怀疑。镜像神经元被认为是大脑进化出的与审美相关的神经元系统。它最先发现于两只灵长类的猴子身上，后来经证实在人类的大脑中也存在着类似的神经元。该系统所具有的功能是通过相应脑区的激活建立内部的行为表征从而"亲身经历"其观察到的他人行为，从而实现理解他人行为、意图和情绪等功能（胡晓晴、傅根跃、施臻彦，2009）。之所以叫镜像神经元，主要在于其发现者认为这些神经元对观察到的动作的反应就像镜子对物体的成像那样直接。人们不论是自己做出动作，还是看到别人做出同样的动作时，镜像神经元都会被激活。人脑的镜像神经元系统不仅成为个体理解他人和体验他人情感的大脑物质基础，而且还是其他情感的生物学基础（丁峻）。

### 4.4.2　无功利的审美：审美的类型和情感机制

康德所说的无功利性美感是一种纯粹的因美而产生的愉悦感。

在他的理论中，这个审美对象与且仅与艺术作品画等号，一切有用的或对自然"失真"了的艺术表达即便勉强称得上是艺术作品也无法成为康德眼中的审美对象。如此一来，康德一方面用美的"无功利性"区隔了它和认知之间的关系，但同时也将美束之高阁，成为普通大众眼中遥不可及的对象。

哲学家通过形而上的方式去挖掘美，通过研究美进而探寻出一些人类社会的终极命题，这无可厚非，但这与社会中存在的各种审美活动之间还是有距离的。前者意义上的"美"门槛高，需要天赋、时间以及大量的金钱成本等多管齐下才有望达成。换言之，它是贵族或者有闲阶层的专属品。然而"爱美之心"却不论贫贱人皆有之，想通过审美活动将自己从现实压力中释放出来的需求也一直存在。人们既不能要求前者意义上的"美"降低标准，也不可能在短时间内提高社会整体的审美水平（因为这是一项庞大的系统工程，往往与社会发展的阶段、精神文明的实现程度以及个人天赋等相关）。为解决上述矛盾，现代社会通常采取的办法是通过扭曲真实、制造幻象、固化想象等表现手法，借助广告、电影、电视剧等大众传播的表达形式，建立起人造美感与生理愉悦感之间的关联。这种新关联不仅掏空了"美"的内涵，使它离最初的纯粹渐行渐远，还使原本只作用于纯粹情感的"美"逐渐外化为某种地位和身份的标识。审美所引发的愉悦感也持续得越来越短暂而且易于消失，使沉迷于此的人们陷入追求—迷失—再追求的怪圈直至变成消费社会中的奴仆。让人幡然醒悟的是，审美的哲学思辨虽然将让美远离尘器，显得高不可攀，但同样提出了具有分析概念，为社会大众真正地理解美、发现美和创造美提供了理论依据。

人们在将艺术看成是审美的对象这一点上是有共识的，但是在选择将哪种艺术作为满足自己愉悦感的投射对象上却是千差万别的。这其中往往包含纯粹性和满足欲求两种倾向，康德在《判断力批判》中极力反对后一种倾向。他认为后者因为具有某种目的性而使愉悦感失去了其先天的纯粹性。康德总结了三种不同的美的艺术：语言的艺术、造型的艺术和感觉游戏的艺术。其中语言的艺术包括演讲术和诗艺。造型的艺术包括诉诸感官真实的艺术，如雕塑艺术和建筑艺术，和诉诸感官幻象的艺术，如绘画。而感觉游戏的艺术就是感觉美的艺术，例如音乐和色彩等。（如下所示）

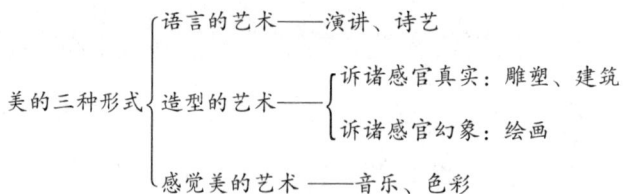

$$
\text{美的三种形式}
\begin{cases}
\text{语言的艺术——演讲、诗艺} \\
\text{造型的艺术——}
\begin{cases}
\text{诉诸感官真实：雕塑、建筑} \\
\text{诉诸感官幻象：绘画}
\end{cases} \\
\text{感觉美的艺术——音乐、色彩}
\end{cases}
$$

康德出生在没有大众传媒的 18 世纪，否则他会发现他所描述的美的形式几乎被大众传媒所包揽，尽管在大众媒体上这些美的艺术已经失真太多，但是这种美作用于人们心灵的方式和规律却没有发生改变。例如，人们一旦将审美对象与某种功利性建立联系，就会减损或者消除自己在欣赏时所激发的愉悦感。老子所说的"为学日益，为道日损"所讲的就是这个道理。这里以植入式广告为例,当人们没有意识到植入广告是一种买卖行为时或许会被这个审美对象激发出愉悦感,而当人们意识到这一点时这种愉悦的情感会立马消失。当然这种情况大多只适用于审美主体,而不是美的缔造者——艺术家。需要说明的是,虽然艺术的确是表达情感的一种形式,但并不是所有的情感都可以成为艺术,人们在日常生活中发泄的各种情绪、表达的情感,并不能带来美感,美感的传达建立在艺术家对人们情感变化的精细把握上。换言之,虽然艺术来自情感,但是其表达需要"艺术家将理想情感具体化、客体化"。① 也就是说情感表达只有在精心的设计情况下才有可能引发愉悦的情感。

亚里士多德在《论诗》中将"悲剧美"和"喜剧美"视为美的两种类型,并在后来的发展中被美学研究视为两个最经典的范畴。从需求的角度来讲,悲剧美和喜剧美分别对应着人类仰视和俯视的需要,其中悲剧美的情感发生机制是通过对恐惧和怜悯的升华,引导出关于崇高的审美愉悦感②。而喜剧在某种程度上可以看成是审丑的艺术形式,但是这种丑被小心地规约在一个范围之内,即它虽丑陋不堪,扭曲变形,但不引发痛苦。但无论是悲剧美还是喜剧美,在唤起情感之前都需要面临来自心理定式和注意力分散的两大挑战。曾有人对中、西悲剧的情感定式做了这

① 黄子岚,张卫东. 神经美学:探索审美与大脑的关系 [J]. 心理科学进展,2012,20 (5):673.
② [古希腊]亚里士多德. 修辞术·亚历山大修辞学·论诗 [M]. 颜一,崔延强,译. 北京:中国人民大学出版社,2003:315.

样的描画。（如下所示）

西方古典悲剧：喜→悲→大悲

中国古典悲剧：喜→悲→喜→悲→大悲→小喜

审美定式是一种民族文化的积淀，这个概念是传播学中涵化效应的基础。在实际的审美活动中，它常常表现为一种巨大的惯性力量，不断"同化"着观众、艺术家和作品。虽然这种定式发展下去容易使艺术丧失创新的本能，但同时正是依靠这种定式才使受众的心理有章可循。当只有一种定式发挥作用的时候人们会习以为常，一旦有另一种新的形式出现并得到人们的关注，那么新老审美范式之间就必然会引发一场争夺人们心理空间的暗战。社会的审美能力既有可能在这个过程中得到提升，也有可能陷入混乱。

注意力的集中往往比分散难。为了保持住人们有限的注意力，一切依靠视觉神经发挥影响力的艺术形式可谓"费尽心机"。以戏剧研究为例，有研究者认为情节的"跌宕起伏"比"顺势爬坡"更容易吸引注意。除此之外，小悬念的连缀以及节奏的调节也可以起到增强注意力的作用。

### 4.4.3　审美的社会功能

前面提到了审美具有节能和缓解的功能主要是从个体的角度来说的。康德的思辨虽然道出了美与人类情感之间的真谛，但是伴随着大众传播的发展，这种原本纯粹的、只藏于心的愉悦感却在这一过程中不断遭遇"外化"（如上面讲到的消费社会），并进一步转变为社会控制的手段。结合前面的论述，本书认为审美具有以下几种社会功能。

### 4.4.3.1 麻痹作用

纯粹的审美情感只需要与人们单纯的愉悦感受发生关联即可，处于高级状态的审美判断则需要想象力的加入才得以达成，而当一个人的审美状态处于高峰时，往往会陷入幻觉而失去理智。神经美学已经向人们证明，当审美活动进行时，掌管形象思维的右脑体积会明显变大，而掌管理性思维的左脑则会相对缩小。这意味着当人们处于审美状态时，被审美对象所激发的愉悦感受会对认知产生麻醉作用。从另一个角度来看，如果将审美对象无意识散发的美替换为有意识施展的美，或者将一种功利性的目标渗入美的展现中来，那么审美就会转变为一种有效的说服方式。在这一点上，纳粹时代的电影就是最好的例证。

### 4.4.3.2 团结作用

任何一种理性的判断都是基于一定的立场做出的，而立场的统一又是极少才会发生的情况。换言之，任何理性判断都会被不同立场的人打上"偏见"的烙印。然而美感的产生既有基于一定的心理定式的特殊性，又有超越一切种族障碍的"共通感"，这就使美具有了某种弥合理性分歧的作用。康德在从个体视角谈及美感发生时，强调了"共通感"这个概念。他认为"凡是那种没有概念的，普遍令人喜欢的东西就是美的"。具体地说，康德所指涉的"共通感"包括两个层面的意义："自由心意状态中获得的愉快"和"人人都有的，在结构和功能上基本相同的主观心理条件"。在全球经济一体化的今天，大众传媒正在以一种潜移默化的方式铲除美所依附的特殊性（心理定式），建构着美在世界范围内的"共通感"。例如，由大众传媒所炮制出来的明星和虽然昂贵但是依旧震慑人心的高档商品，等等。此外，如果结合康德对审美对象的三大划分（语言的艺术、造型的艺术和感觉游戏的艺术）标准，剔除文化、语言等干扰美感传达的因素，音乐可以算得上是最无国界限制的美的形式。

### 4.4.3.3　分化功能

当社会产品极大丰富之后，审美自然成为人类社会发展到一定阶段的新需求。但是审美资源往往具有稀缺性，一件可以获得人们普遍喜爱的艺术作品常常要耗费大量的创作成本，能接触到的毕竟只是少数群体，于是这些艺术作品自然升格为其拥有者的一个身份标识。通过具有艺术含量的商品和物品来将自己与他人区隔开来，就是审美所具有的分化功能。

### 4.4.3.4　认同的底线

康德认为"当一种审美判断是建立在反思的基础之上时，这种判断也往往在寻求一种赞同。如果这种期待遭到否定性的判断时，会存在发生争执和反抗的可能"，这意味着如果将审美视为超越理智偏见的情感形式，那么当这种情感受到伤害时就有可能会放大偏见所带来的负面情感。实际上，在任何一个时代，情感对于时代趋势的灵敏度往往超过理智。所以很多反抗行为最初也往往是在艺术的领域发生的。反对某种艺术形式在某种程度上就是反对这种艺术形式背后所蕴含的某种情感倾向。一方面，在信息爆炸的时代，人们可以掌握的理性信息的比例相对越来越小，而更多地依赖于感性的判断。另一方面，当人们所坚守的最后底线——审美底线被攻破时，审美所表现出来的将不是愉悦，而是不愉悦的极端形式——残忍。

## 4.5　小结

本章重点分析和论述了四种情感：同情、正义感、爱和审美情感。从表面上看，这四种情感类别的提取是毫无依据的，造成这种现象的原因在于，到目前为止心理学和社会学都没能为大家提供一个统一的情感划分标准。这四种情感是笔者结合自身的传媒观察以及在参考了大量的相关文献的基础上，通过自下而上的方式提炼出来的，由于没有统一的划分标准，再加上这四种情感远不是用心理学的测量工具就可以轻易获得的，本书坚持了一种贯彻始终的理论倾向——达尔文的进化论。另外，在对这四种情感进行个别分析时，又灵活地借鉴了哲学领域的相关成果，例如亚当·斯密对同情心的研究，罗尔斯对正义感的研究，休谟对爱的研究，康德对审美的研究。这是当前对这四类情感最有解释权的学者之一。当然，也正因为权威，他们的学说大多复杂而细致，为了立足专业，做出有助于传媒实践的理论分析，本书甄别选择其中的一些观点进行论述，并且对这些观点进行了可操作化的处理。为了保证观点的正确性，本书还参考了相关的具有相当影响力的文献（如犯罪学、精神病学、美学等）予以验证和补充。

# 第5章　个人视角下的情感：
## 传播要素与情感表达

### ——声音与图像

人类创造文字的历史距今只有五六千年，而人从开始说话的 20 万年前到人类有明确的文字记载的 19 万年左右①的时间里，都是靠声音和图像来认识这个世界的。考古学的研究表明，即便在今天，在我们生活的这个"地球村"中，依旧存在着一些原始部落的人，他们过着人类先祖时代的生活，没有时间的概念，也没有文字和历史记述，仅依靠图像和声音交流信息。

在现代社会中，文字一直被视为开启理智的钥匙，被人们供奉在智慧的殿堂之上。这是文字表征理性和神圣的信息维度，另一方面文字也是日常生活中，人们借以表情达意的传播媒介，这

① 王海龙. 读图时代：视觉人类学语法和解密［M］. 上海：上海锦绣文章出版社，2013：11.

是文字充满感性和人性的一面。人与人情感的传递主要集中在后一种情境之下。需要指出的是，大多数人通过常规教育所达到的文字水平是有限的。例如从接收的角度来看，融情感与智慧于一体的文字（如文学、评论等）隐含了对受众文学素养的规约。从传播的角度来看，若想运用文字来唤起智慧之光和理性之美，通常需要长时间的积累、探索和磨合，这种时间和精力的投入并不适用于所有人。

这就是文字在情感唤起中受局限的一面。对于这一点，恩格斯曾有一段生动的表述："站在真正的活生生的人民面前，直接地、具体地、公开地进行宣传，比起胡乱写一些令人讨厌的，抽象文章，用自己'精神的眼睛'看着同样抽象的公众，是完全不同的两回事"。① 的确，文字对传受双方的智力水平做了不成文的规定。事实上，由于欠缺对文字规则的掌握和技巧的运用，在日常生活中用文字表错情达错意的例子倒是屡见不鲜。当一个人的语言表达含混不清、欠缺逻辑时，非言语信息如眼神、语气、表情、姿态就常常成为人们解读中心信息（语言信息）的着力点。当然，这也是知识精英备受尊崇的地方，因为他们总能准确地用语言道说出人们内心模糊不清的感受和需求。本书认为作为传播学研究的对象，言语传播的研究已经发展到了精致化的阶段，在这里重复论述的意义并不大。

事实上，从人类历史的角度来看，通过图像和声音来传受信

---

① 陈力丹. 精神交往论［M］. 北京：开明出版社，1993：98.

息或情感的历史远远早于语言和文字。在信息量呈几何级增长的当下，人类凭借声音和图像来感知外界的认知习惯，以"读图时代"的方式予以重现。与信息匮乏的原始时代不同，人们除了可以用声像的方式来感知不熟悉的事物之外，还可以借助于精英言语阐释来熟悉陌生的事物。尽管"精英"代表"理性"，但在"读图的时代"，人们在选择哪一类精英学说的过程中依旧受到声像逻辑的影响。例如，关注精英自身的形象（如形象看起来是否自信）、精英在言语中透出的情感倾向（如立场、偏好、兴趣）等，这些看似远离中心信息表达的边缘信息有时却发挥着辅助甚至是决定性的作用。例如有人认为美国的电视选举与其说是智慧的比拼，不如说是财力和演技的比拼。

所谓"声像逻辑"，就是结合"声与像"与人心理频率的特殊关系，打造两者与情感的"同频共振"。"声与像"从物理的角度来说，就是"光波"和"声波"。一般而言，光是通过强弱，声是通过振动，与物理世界产生关联的；而对于人而言，光是通过色彩，声音通过气息的振动，与人的生理频率（如心跳、脉搏等）产生关联的。充分的研究表明，大脑对于那些恰到好处的刺激更容易进行分化和形成条件联系。具体地说，当外界的刺激与人自身的频率相符合时，容易带来或者强化正向的情感，给人愉悦的感受。而在与人自身的频率不相符合时，容易激发负向情绪，使人产生焦躁。当一个人的情感处于静态或者稳定的状态时，色彩的变动会激发心理图谱的跳跃，而声音的起伏则会影响人自身气息的频率。将声像逻辑视为现实中的主导思维主要基于两点：1. 两者都具有"直观"的特性。2. 符合人认知习惯中的省力原则。作为人类行为的一条根本原则——省力原则（the Principle of Least Effort），又称经济原则。这条原则在现代学术界是由一位语言学家首次提出的。其内容可以概括为："以最小的代价换取最大的收益"。① 用"省力原则"解释声像逻辑的优势，则可以表述为，在精力一定的情况下，人们倾向于保存能量去完成认知排序中对自己最有利的事情，在个人价值排序中不那么相关和重要的事情则越简单越好。"直观"就是一种诉诸简单的表现形式。值得一提的是，在现实生活中，省力原则指导下的思维惯性常常为偏见和"不公"的评价大开方便之门。知识精英在面对这种情况时，一方面痛心疾首地呼吁书籍（文字）才是人类智慧的结晶；另一方面也不得不承认在这个"酒香也怕巷子深"的时代，遵从声像逻辑对于扩大自身影响力的作用是巨大的。这也是传媒所偏好的现代视听技术，人通过自身形象的塑造和声音的起伏作用于情感的逻辑。

## 5.1　亚里士多德与个人情感资源的有限性

情感资源的有限性，是将情感还原为人的一种生理能力，并

---

① 姜望琪. Zipf 与省力原则 ［J］. 同济大学学报（社会科学版），2005，16（1）：87.

将其与生命体自身必经的启蒙期、全盛期、蜕变期、衰落期四个阶段结合起来说的。亚里士多德在《修辞术》中，依照上述四个阶段，将说服对象按照年龄的维度区分为年轻人、中年人、已过盛年（相当于衰落阶段的人）的人与老年人，并认为针对不同的年龄对象，要采取不同的情感策略。

亚里士多德认为在情感的递减轴中，年轻人位于情感资源的高点，老年人和已过盛年的人位于低点，而中年人（或壮年者）位于中间。"年轻人对胜利和名誉的热爱常常超越金钱。""他们的生活更主要地依靠性情而不是依靠心计。"亚里士多德并没有直接提出"情感资源"的概念，这一概念是本书在对亚里士多德观点基础上的概括总结，并对此展开具体分析。

年轻人涉世未深，由于占据着丰富的情感资源，在使用时常常倾向于慷慨地赠予或奢侈地挥霍，例如，他们很容易被诉诸未来的美好而打动，并且真正做到身体力行；在爱恨之间表现得过于偏激，等等。在现实中，年轻人作为丰富情感的拥有者，常常成为政治家们运用理性所驾驭的对象。与年轻人相比，位于情感资源末端的老人和已过盛年的人则遵循着全然不同的规则。因为后者深知动情会带来无法预知的能量消耗，而人生在这一阶段健康才是最重要的议题。况且他们身上最值得称道的经历就是以消耗情感资源为代价换来的。在他们心里未来比过去离自己近，而过去才是最让他们感到骄傲的。亚里士多德认为，诉诸回忆是打动年长者的最佳路径。此外，老人们也不会将信任这种珍贵的情感轻易分配给别人。对于已经分配出的信任也大多经过了某些利害权衡，比起相信人，他们更相信看得见的"物"，如钱财。与青年人相反，"他们靠心计而不是靠性情活着"①。与前两者相比，无论是从生理上还是从人生发展的正常规律来看，中年都是一个人发展的黄金时代，情感资源既没有在经历上消耗过多，也绝没多到可以任意挥霍的地步，"他们的节制之中有勇敢，在勇敢之中又有节制，凡是年轻人与老年人分别具有的东西，都能为壮年人兼具"。② 亚里士多德认为，身体的鼎盛期在 30～35 岁之间，而灵魂或心智的鼎盛期则在 49 岁左右。情感资源的有限性意味着，对不同的人群采取何种说服策略可以从情感资源保有的角度来考量。

　　亚里士多德的分析是根据不同年龄段人群在生理和心理上的不同特性展开的，并未考虑更多的社会因素。实际上作为情感主体，人是可以通过教育、向他人请教等方式进行干预、调节的。正如麦克卢汉所说，"教育程度高的往往倾向用理性驾驭情感，而普通大众则容易感情用事"。这一点可以解释在同一年龄层中表现出情感资源分化的趋势。

---

① ［古希腊］亚里士多德. 修辞术·亚历山大修辞学·论诗［M］. 颜一，崔延强，译. 北京：中国人民大学出版社，2003：118.

② ［古希腊］亚里士多德. 修辞术·亚历山大修辞学·论诗［M］. 颜一，崔延强，译. 北京：中国人民大学出版社，2003：119.

## 5.2　个人情感与大众传媒的娱乐功能

情感能够为一个人的理性提供精神动力。爱因斯坦在谈到科学探索的动机时说："促使人们去做这种工作的精神状态是同信仰宗教的人或谈恋爱的人的精神状态相类似的；他们每天的努力并非来自深思熟虑的意向或计划，而是直接来自激情"[①]。爱因斯坦在这里所谈到的"激情"的动力，的确可以作为"情感是动力"观点的例证。但是需要指出的是，爱因斯坦本人过于特殊，而且他所指的"激情"是指向科学创造的高级情感。从另一方面来看，科学创造与个人智识水平如才能、天赋等高度相关，这种情感的高峰体验并不是所有人都可以体会的。这两方面的特殊性决定了爱因斯坦所指出的"情感的动力功能"并不具有大众意义上的普适性。实际上，在一个重视效率的现代社会，人们更多地被教育如何压抑情感，并将情感视为理性的恶魔。这里的"情感"主要是指人的负面情绪。物理学中关于"熵"的概念告诉人们，在一个封闭系统中，总能量虽然能保持不变，但能量在转化过程中有一部分可能会转化为不再做机械功的部分。这意味着，如果将现代社会在高压情境下工作着的人看成是一个个独立的系

---

① 爱因斯坦．爱因斯坦文集（第1卷）［M］．许良英，等，译．北京：商务印书馆，1977：382.

统，那么上述提到的"负面情绪"就是系统中的"熵"，当系统无法与外界进行能量交换时，这个系统就趋向于一个封闭的系统。而当系统内部的"熵"（人的负面情绪）达到一定程度，那么理性能量所做的"功"就趋于停止。换言之，情感在这种情境下绝不是促进创造的缪斯，而是阻碍理性发挥的"恶魔"。

人是社会性的动物。在可能的情况下，任何一种通过媒介进行交流的方式都不能替代面对面的交流。这就意味着狙击情感恶魔最好的办法就是人与人的交流。然而在现代社会中，伴随着经济的高速发展，人员跨省、跨国流动日益频繁。一方面原本主要由家庭系统提供的情感支持已经不能再满足一个漂泊状态下的人所需要的情感能量，孤独笼罩在人们的心头；另一方面人与人见面的成本被不断提高，这里的成本包括金钱成本、时间成本、体力成本等。金钱成本、体力成本下降了，而时间成本却极大增加了。在这个时候，更为便捷的传媒就代替传统意义上提供情感支持的"家"，以及人与人自然状态下的交流，成为化解负面情绪，维持个人系统正常运转的情感渠道。

### 5.2.1　大众传播的娱乐功能——已有的理论基础：游戏理论 & 使用与满足

在传播学中，从个人的角度研究传播功能通常有两种视角，即工具视角和游戏视角。工具视角侧重于对"传播能够改变什么"的研究，该视角常常与说服、舆论等属于社会控制的传播行为相关。而传播的游戏视角则由威廉·斯蒂芬森提出，他认为传播区别于其他社会机构的特点在于其具有游戏性。"我们是本着寻求愉快和逃避社会控制的精神进行很大一部分传播的"。① 斯蒂芬森认为，"工作是所有社会机构的职能，但是大众媒介的关注中心不是工作，而是传播愉快，使人们能把自己从社会控制中解放出来回到玩耍的土地上去"。② 施拉姆评价游戏理论比麦克卢汉"地球村"的说法为盛行的媒介内容提出了更好的解释。事实上，大众传媒用于娱乐的部分的确大得惊人。"在美国几乎全部商业电视、大部分畅销杂志、大部分广播普遍具有游戏或愉快的功能。"有研究表明，电视新闻往往关注的是一些人——恐怖分子、抗议者、罢工者或警察的——暴力行为，因为反映这类活动的画面比反映人类平静有序行为的画面更具刺激性。（E·阿伦森，2003）查尔斯·赖特在《大众传播：功能探讨》一书中从社会学的角度勾画对传播的看法时曾提到过传播的娱乐功能。

使用与满足研究（Uses and Gratifications，U&G）是由学者卡茨（Katz）（1959）正式提出的，它的提出是在传播学经典的"效果研究"之外，开辟出了以"受众研究为主"的研究路径。有研究者认为 U&G 研究的出现及发展是传播学研究从"传者本

---

① ［美］威尔伯·施拉姆，威廉·波特. 传播学概论［M］. 陈亮，周立方，李启，译. 北京：新华出版社，1984：27－37.

② ［美］威尔伯·施拉姆，威廉·波特. 传播学概论［M］. 陈亮，周立方，李启，译. 北京：新华出版社，1984：27－37.

位"向"受者本位"转折的一个标志。① 实际上，此类研究最早开始于 20 世纪 40 年代。在关于日间广播肥皂剧的研究中，探索各种广播节目吸引力的原因时，研究者意外发现虽然肥皂剧的内容被公认为是肤浅的，没有思想的，但对于听众来说，它们却是一种提供建议和支持的来源，一个通过笑声和眼泪来释放感情的机会。②1972 年，麦奎尔、布鲁姆勒、布朗在对英国大量广播电视节目进行研究之后，概括了最重要的媒介满足类别：1. 消遣（Diversion）：逃离常规，逃避问题，释放情感；2. 人际关系（Personal relationship）：交朋友和同伴，社会功用；3. 个人认同（Personal identity）；4. 监视（Surveillance）：寻求信息的方式。③

## 5.2.2 个人情感与大众传播关系

### 5.2.2.1 刺激—唤起模式

将刺激—唤起视为个人情感与大众传播的关系，其理论依据来自于两点：1. 心理学是情感研究的大本营，刺激—唤起模式是实验心理学在情感研究中惯常的研究路径。在一般情况下，人的

① 陆亨. 使用与满足：一个标签化的理论［J］. 国际新闻界，2011（2）：11.
② 丹尼斯·麦奎尔. 受众分析［M］. 刘燕南，李颖，杨振荣，译. 北京：中国人民大学出版社，2006：72.
③ 丹尼斯·麦奎尔. 受众分析［M］. 刘燕南，李颖，杨振荣，译. 北京：中国人民大学出版社，2006：75.

情感处于一个相对稳定的状态，① 这是人维持自身精力的一种方式，因为任何一次大的情绪波动都会消耗相当的能量。与正面情感相比，负向情感在平复时所耗费的身体能量更多些，这一点在健康欠佳的人身上体现得尤为明显。而情感的唤起常常是在受到外界刺激时产生的。大众传媒主要是以给情感提供刺激点的方式来完成其娱乐功能的。需要指出的是，人的负面情感并不总是显性的。正如前面所提到的，由于阻碍效率的发挥，情感的适应性原则会选择压抑，但压抑绝不意味着消失，如果得不到有效的转化，它更可能的方式是作为一种情感记忆被储存起来。2. 该研究模式在应用层面得到信度和效度的验证。在文献综述部分，本书已经谈到目前自然科学和社会科学都对情感研究有所涉足。自然科学对情感的关注可以看成是现实驱动的结果。例如美国的情感计算或者说"让计算机具有人脑一样的能力"。这不仅仅是科学家们的理想，也出自美国建设信息社会的实际需要（如实现物联网、人机交互等）。而感性工学是以"感性"作为思考的出发点，将过去认为定性的，无法量化的，非理性无逻辑可言的感性反应，以工学的方法进行探讨，借以发展下一代新技术。② 从方法的角度来看，这两个领域都比较依赖心理学中的实验法，具体的研究主要是从生理和心理两个维度各自分别展开。1. 基于生理学的角

---

① 依据请见第二章对"情感"与"情绪"字面意思的解释，和本书所介绍的关于情感心理学的基础。
② 李月恩，王震亚，徐楠. 感性工程学 ［M］. 北京：海洋出版社，2009：9.

度，即通过各种测量手段检测人体的各种心理参数，如心跳、脉搏、脑电波等。2. 基于心理学的角度，通过各种传感器接收并处理环境信息，并以此为根据计算人造机器所处的情感状态。总而言之，这种研究大多是较具个人色彩的定量研究，遵循"给予刺激—观察反应"的研究逻辑。

### 5.2.2.2 传播学运用刺激—唤起模式的优势

心理学和感性工学、情感计算等应用领域的研究以"刺激—唤起"模式为"情感主题"提供了论证的科学依据和前沿视角。但它们的弊端也是明显的。对心理学研究而言，实验室中的刺激始终无法代替实际语境中的情感刺激。此外，由于受到实验伦理的规约，有些情感如恐惧、愤怒等负面情感也不允许在实验室的语境中进行验证。另一方面，对于感性工学和情感计算等应用领域的前沿研究而言，研究目前毕竟还处于探索阶段，可以验证的心理学假说也有限。

从以上两类研究所表现出的"非真实性"和"有限性"弊端来看，传播学的优势是明显的。人与物打交道通常更需要格物致知，尊重事物自身的逻辑，而人与人的相遇就会牵涉到更多的情感。一个在科学上有造诣的研究者常会在思维惯性的作用下，将逻辑理性代入现实的生活当中，表现出不通"人情"的一面；而通晓艺术的人却常能在人群中保持魅力的光环，在人与人的交流中如鱼得水。这两种差别归根结底就是科学（主要以物为研究对象）和艺术（主要以人为研究对象）的不同。而大众传媒从事的传播活动需要的是这两者的综合，它科学的一面表现为时刻关注传播科技最新的发展，思考科技之于传播方式的影响；它人文的一面则表现在对受众情感、需求的深切关照。

从另一方面说，大众传媒本身积累了大量的，唤起情感的实际经验。通过运用"刺激—唤起"分析框架，并借助自然科学已有的研究成果，对在传播学中已有的实践经验进行系统整合，可望达到一种理论和运用层面的协调发展。无论是从探索情感研究与传播学的融合模式来说，还是从情感研究本身的多维度扩展来说，都是有一定意义的。

## 5.3 情感唤起的声音逻辑

信息总效果 =7% 词语 +38% 语音 +55% 面部表情

这是美国心理学家艾伯特·梅瑞宾（Merabian，1967）总结出的一个公式。但大多数研究者都将精力放在了"7%的词语"的研究中，而对剩下的93%选择性忽略。事实上，这93%的信息更多可归入情感信息。此类情感信息虽然属于传播研究中的边缘议题，但在实际沟通中却起着非常重要的作用。例如，"今晚"这个词的书写方式并不多，但是苏联现实主义戏剧体系的创始人斯坦尼斯拉夫斯基曾要求他的年轻演员用50多种不同的音调说这个词，并请在场的听众记下每次表达的思想感情的细腻差别。对于一个有礼仪传统的中国社会来说，人与人的沟通过程中更倾向于"听话听声，锣鼓听音"的信息解读方式。

### 5.3.1　情感轨迹的"泄密者"——语气

从功能上讲，声音只属于一种"辅助语言"，但却隐藏着多得数不清的潜在信息。[①] 一般而言，语调、重音、停顿等声音信息往往比言语更能真实反映出说话者的态度、倾向、立场以及与对话者之间的关系。弗洛伊德认为人类的语言所传达的意识大多是经过理性加工后表达出来的，并不能直接表露出一个人的真正意向。

声音与视觉的不同主要体现在它更容易集中人的注意力。有研究者发现仅凭声音就能比较准确地判定说话者是否在撒谎。一项研究表明，听犯罪分子坦白录音带的人，比那些观看犯罪分子坦白录音带的人更能发觉其中的谎话。美国著名的身体语言专家瑞曼认为，由于声音的某些特点非常难以人为控制，因此声音始终是我们与人交往过程中觉察"蛛丝马迹"的最可靠来源之一。当人们熟练掌握了声音所表现出的意义规律之后，也会依照不同的场景和角色身份，通过有意识地控制音量、停顿等方式配合传

---

① ［美］托尼娅·瑞曼. 身体语言的力量［M］. 洪友，译. 天津：天津社会科学院出版社，2008：142.

播内容实现更有效地表达。在传媒领域，对声音信息最为关注的当数播音主持专业。

从物理属性来看，声音的本质是一种波，与振幅、频率、相位等物理量相关，当然，这一物理属性适用于一切发声体所发出的声音。人的声音除了具有一般声音的物理属性之外，还有与之相应的主观心理量，即通过听觉反映出来的音高、音强、音长和音质①。人们的发声原理主要是依靠肺部产生的气流通过振动声带（位于喉头中间）产生。音高、音强与音长的产生跟气流振动声带时的频率、振幅和振动所持续的时间相关。我们之所以可以从一个人的声音变化体会到一个人的心情变化，很大程度上就是依靠这股"气"。人的喜怒哀乐首先通过气息的变化让自己感知，进一步通过声音被他人感知。当一个人处于恐惧、愤怒之中时，很容易因为气息出现紊乱而将声音抬高等。在戏剧表演中，演员们要想通过调节音高来表现某种情绪，通常需要先学会控制好气流。在语音的四个构成要素中，音质一般既可以是天生的，也可能是后天培养形成的。音质的物质基础是发声共鸣腔，它包括咽喉、口腔、鼻腔、鼻窦部分，当气流冲击声带之后，声音回荡在这些腔体中所形成的共振就是音质。② 有研究者从声调、音量、语速三个方面分析了声音是如何表现情绪的。

---

① 黄伯荣，廖序东主编. 现代汉语［M］. 北京：北京大学出版社，2012：32.
② ［英］休·莫里森. 表演技巧［M］. 胡博，译. 北京：中国戏剧出版社，2003：50.

表5-1　情绪与声音起伏

| | 悲伤 | 惊奇 | 恐惧 | 气愤 | 怒不可遏 | 厌恶 | 快乐 | 蔑视 |
|---|---|---|---|---|---|---|---|---|
| 声调 | → | ↗ | ↗ | ↗ | ↘ | ↗ | ↗ | ↘ |
| 音量 | → | ↗ | ↘ | ↘ | ↘ | ↘ | ↗ | ↘ |
| 语速 | 慢 | 快 | 快 | 快 | 慢 | 慢 | 快 | 降低 |

　　声音不仅是解读情绪的密码，合理运用还能起到唤起情绪的作用。事实上，与声音的音高、音强、音长比起来，声音的驱动力——"气"与真实的情感关系更为密切。换言之，气息的波动才真正等同于情感的波动。在汉语中有很多描述"情绪"特别是负面情绪的词语都与"气"有关，例如"动气""来气""生气""年轻气盛""气愤""气冲冲""气呼呼"等。而声音中的音高、音强、音长是"气"的转换器，主要起到了传达或修饰"气"的作用。具体地说，大致有两类情况：一类是"气"是怎么产生的，声音就怎么表现。这种情况主要出现于个性坦率和情感完全压倒理性两种情境之下；另一类是通过运用音高、音长、音强的技巧对"气"有所修饰，使个人的情感表现更符合角色或者社会规则，如同本书在第三章所提到的"情感的适宜"。事实上，人对与同类的任何交流都是有预期的。当说话者从声音中流露出的情感与听话者的预期相符时，就容易产生情感"共鸣"；与听话者的预期不相符时，就如同某种规则被破坏，默契被打破，很容易激起对方的负面情感。这一点甚至对于完全不熟悉的陌生人也

是有效的。

声音中的情感还需要与说话者的身份相符合。作为一个社会地位较高的人，如果在声音上表现得节奏平衡，吐字清晰，语调平稳，句尾用降调，就很容易赢得人们的支持，萨伊勒将这种声音模式命名为"可信模式"。但是，当你去寻求与人合作时，这样声音就会显得傲慢和无理。在寻求帮助时，在吐字清楚、均匀的基础上，如果能够让声音有所起伏，句尾多用升调的话将更容易获得帮助。① 没有意识到声音要在这两种语气间进行灵活切换的人，经常是"得罪了人却不自知的"。例如一个上位者在处理类似群体事件的危机时，虽然在主观上知晓要"动之以情，晓之以理"，但如果这份"情"只体现在语言上，并没有相应的语气予以配合，或者明明是寻求谅解，却在语气上多用显示威严的降调。那样不但起不到应有的说服效果，还会让人们对沟通的诚意产生怀疑，唤起更加激烈的负面情绪。

### 5.3.2　唤起情感共鸣的利器——音乐

自毕达哥拉斯发现音高与发声体的振动频率之间的关系以来，音乐分析一直集中于对乐音（tone）物理的、生理的和心理的研究，即它们自身的物理结构和可结合性，它们对人类和动物的身

---

① ［美］莎伦·萨伊勒. 身体语言的妙用［M］. 张奇，译. 北京：北京师范大学出版社，2013：118.

体性影响，人类意识对它们的接受，等等。

苏珊·朗格的此番论述精练地概括了音乐研究的现状。众所周知，毕达哥拉斯学派以数学和哲学闻名于世。毕达哥拉斯将自己所在时代将数学分为算术、几何、天文学和音乐学四大学科，并在音乐学研究的基础上提出了"数即万物"的学说。[①] 毕氏学派运用的就是音乐的物理属性。音乐的物理属性就是它的声学属性，主要包括音高、音色、响度、音长。其中音高较为重要，也是毕氏学派的研究基础。Aniruddh D. Patel 认为音乐和语言虽然都属于声音的范畴，但具有明显的差异。其差异主要表现在声音的表现上，音乐是以音高作为主要基础（如音程与和弦），而言语则以音色作为主要基础（如元音和辅音）。Patel 的依据是，与音乐的其他几个物理属性（音色、响度、长度等）相比，音高是构建音乐元素系统时最常用的维度。根据前面的介绍我们应该知道音高就是声音振动的频率。

### 5.3.2.1　音乐的物理基础

音乐产生的物理原理是由于音波的振动，但并不是所有的音波振动都可以称得上是音乐。人们的听觉根据振动是否具有周期性而将声音分为乐音和噪音两类，其中乐音是组成一支乐曲的最小单位。音乐的物理学基础为音乐与情感的关系提供了科学依据。

---

① 吴国盛. 科学的历程（第二版）[M]. 北京：北京大学出版社，2013：68.

音乐的生理基础是指听觉的物质基础——感受器、传递神经和大脑。具体地说，人的听觉系统包括：1. 外周部分（感受器）——人耳；2. 中间部分（传递神经）——包括感觉神经的出入神经和脊髓、脑干、丘脑等中间中枢的神经联系；3. 中枢部分，即大脑皮层颞叶的听觉中枢。

这里重点说一下人耳的结构。人耳的结构包括内耳、中耳和外耳。

● 外耳是指耳廓（耳朵）和外耳道（以鼓膜为分界线，鼓膜以外属于外耳），外耳主要的作用是聚音。

● 中耳包括鼓膜、鼓室和咽鼓管。鼓膜已经提及，这里不再赘述。鼓室就是指鼓膜以内由锤骨、砧骨以及镫骨组成的听骨链，又称听小骨系统。咽鼓管是沟通咽腔和鼓室的管道。中耳主要起到的是传导声波的作用。

● 内耳包括耳蜗、前庭及半规管三部分。其中只有耳蜗与听觉相关，是听觉的重要器官。耳蜗内部充满淋巴液。在耳蜗的正中有基底膜，起听觉感受器作用的科蒂氏器官位于基底膜上。科蒂氏器官是由支持细胞和末端的毛细胞组成的。这些毛细胞成排地分布在三角形的科蒂隧道两边。靠里面的一排是内毛细胞，约有 3500 个；外面三排是外毛细胞，约有 20000 个。

当声音传入耳道后，带动基底膜产生机械振动，而后由内毛细胞转化为生物电，最后通过神经中枢和大脑活动形成主观感觉。一般而言，内耳对音乐的分解工作越顺利，就越容易体会到欣赏的快感。而当音波波形混乱时，不仅内耳分解工作困难，还会对听觉感受器（如科蒂氏器官中的毛细胞）及脑神经和皮层组织造成损伤。科学领域已经有充分的证据证明音乐的声波振动频率与人体内部的生理节奏会产生共振的反应。[①] 这些生理节奏包括血液循环、心率、脉搏、呼吸和肌肉等各种反应。

### 5.3.2.2　音乐与情感的唤起

从已有的传播研究来看，音乐传播依旧属于边缘。从传播学史的角度来看，在传播学形成早期，作为奠基人之一的拉扎斯菲尔德就开始研究音乐与情感的关系。他在当时用一种非电子型的节目分析装置研究音乐的情感效果，还邀请阿多诺加入他的广播研究项目，其目的就在于发挥阿多诺的音乐专长，让他对流行音乐和严肃音乐做比较研究。[②] 此外，传播学中的音乐传播和非言语传播也都注意到了音乐与信息、音乐与情感的关系。例如音乐传播的研究者认为，"音乐似乎比言辞更容易触动人们的情怀，并得到人们全身心的回应""音乐是早于语言的人类最古老的交流思想感情的方式，也是信息传播的形态之一，它的历史与人类发声器官演变进化的历史同样久远"。[③] 非言语传播的研究者从应

---

① 周为民. 音乐治疗的生理学研究［J］. 中国音乐学，2007（1）：117.
② ［美］E. M. 罗杰斯. 传播学史——一种传记式的方法［M］. 殷晓蓉，译. 上海：上海译文出版社，2007：204.
③ 陈力丹，王亦高. 论音乐传播［J］. 山西大学学报（哲学社会科学版），2008，31（1）：123.

用的角度总结道，"感情的深度和强度用视觉画面表现并非易事，而对于音乐来说却是相对容易的，因此电子传媒常常用音乐这种非言语传播手段来抒发情感"。① 事实上，音乐与情感唤起的关系还可以从它的起源寻找。根据目前的研究来看，最有共识的说法是音乐是人的自发（尤其是情绪迸发）对于大自然音响的经验②。（李哲洋，1991）这里我们从严肃音乐和流行音乐两类分别来看情感的聚合和分化，从而进一步把握音乐与情感的关系。

### 5.3.2.3　严肃音乐与道德情感的聚合

中国古人认为音乐是由"情"触发的。荀子认为"穷本极变，乐之情也"。意思是说音乐的本质是探求人的本性及变化。③ 先秦典籍《礼记·乐记》中开明宗义，"凡音之起，由人心生也。人心之动，物使之然也""乐者，音之所由生也，其本在人心之感于物也。"都指出了音乐起源在于人内心情志的波动。关于音乐的物理起源，古人认为音乐起源于"风"。这里的"风"在某种意义上就是指"气"。《吕氏春秋·音律》云："天地之气，合而生风。日至则日行其风，以生十二律。"《淮南子·主术训》云："乐生于音，音生于律，律生于风，此声之宗也"④ 都指出了

---

① 宋昭勋. 非言语传播学（新版）［M］. 上海：复旦大学出版社，2008：204.
② 李哲洋. 谈"音乐的起源说"［J］. 音乐史话，1991（2）：46.
③ 余皓. 简论荀子的礼乐教化思想［J］. 黄忠（武汉音乐学院学报），2000（2）：91.
④ 律：我国古代审定乐音高低的标准。

风是音乐产生的物理动力。实际上，结合现代物理知识很容易发现，说"风"其实就是在指"气"。因为风是由自然界的气流运动而引起的自然现象，风之所以能产生"乐"，是由于气流运动的强弱不同而造成的。

中西方先哲都很早关注到了音乐对人情感起到的唤起作用，并且也都注意到音乐的教化功能。只是西方人意识到音乐对人的精神影响之后，更多地运用到了医学领域并延续至今。前面提到的毕达哥拉斯首先提出了"音乐医学"的概念，认为"音乐具有增加或解除人的激情的作用"。① 中国的《黄帝内经》也谈及过音乐与人躯体健康的关系，不过这里更关注音乐与政治的关系。

现代人接触音乐通常是为了满足精力之外的情感需要（审美、发泄等）。但在上古社会，音乐履行着"娱神"的功能，作为祭祀仪式中不可或缺的传播要素，占据着特殊的地位②。上古政治是神学政治。到了西周，周人对殷商时的宗教神学做了改革，保留了音乐服务于政治的一面，将音乐与情感的律动关系运用到如何将个体自由统一到社会共性中来的政治目标当中。在古代先哲和统治者看来，情感具有非理性、随意性等特点，不符合统治阶级所需要的上下等级、社会分工等以"礼"治国的理念。个性化的情感必须要有所规约。既然音乐出自人心，表现人的思想变化，那么它是否也能改变和控制人们的思想发展呢？后来的政治

---

① 周为民. 循历史轨迹谈音乐治疗的形成与发展 [J]. 中国音乐, 2006: 46.
② 平啸. 音乐的起源及其政治作用和审美功能 [J]. 学海, 2001 (5): 155.

实践显然将猜想付诸现实。自周人改革之后，将音乐的教化作用运用到以"礼"治国的路径当中成为中国古代政治的显著特征。

　　在现代社会，无论是在战争时期，还是在和平年代，音乐协助统治阶层获取情感支持的职能依旧被很好地延续下来。正如有研究认为音乐可以说是所有艺术中付出成本最小（因为它不需要画笔、不需要刻刀，甚至可以省去乐器①），但是获益却最大的传播手段（它是基于人类的共同情感而谱就的）。

### 5.3.2.4　流行音乐与审美情感的分化

　　专门研究过流行音乐的阿多诺认为流行音乐具有两个显著特征②：第一，与严肃音乐相比，流行音乐呈现出了标准化（stand-ardization）与伪个性化（pseudo‐individualization）的特征；第二，流行音乐导致了听众的精神涣散与听觉蜕化（regression of listening）。阿多诺认为大众对控制的愤怒表面上通过流行音乐消解、调和了，但从另一方面来看，流行音乐这种治理情感的功能同时使大众丧失了反抗控制所必需的情感（如愤怒、悲伤等）。在这个意义上，流行音乐同严肃音乐一样通过诉诸人们的某种情感而成为支配阶层控制的工具。阿多诺的批判视角有助于人们正反两面地认识流行音乐。但对于究竟什么是流行音乐，似乎是不

---

① 李亮. 音乐与战争之间的辩证关系［J］. 民族音乐，2011（3）：10‐11.

② 赵勇. 追求沉思还是体验快感：流行音乐再思考［J］. 北京师范大学学报（社会科学版），2004，182（2）：53.

言自明的，阿多诺并没论及。

- 流行音乐的界定

从狭义的角度来看，流行音乐起源于美国并得益于现代传播技术的扩散，如唱片、无线电等。从流行音乐在全球范围内的发展来看，它既与各国本身的音乐文化相关，也与各国社会发展阶段相关，这一切都造就了流行音乐具有模糊性和多义性的特征。中国现代流行歌曲的开创者黎锦晖在介绍自己的音乐创作时说："我开始把大众音乐中的一部分民歌，曲艺和戏曲中过分猥琐的词藻除去，用外国爱情歌曲的词意和古代爱情诗词写出了比较含蓄的爱情歌曲，如用旧的音乐形式写成的《毛毛雨》，新的音乐形式写成的《妹妹我爱你》……"这句话从一个侧面反映出构成流行音乐的两大要素——歌词和形式，从一开始就与中国本土的民歌、曲艺等音乐形式，以及舶来的外文歌曲处于难分彼此的状态，而这种状态实际上一直延续至今，这可以看成"流行音乐"难以定义的一个原因。

以流行音乐为研究对象的研究者大多选择从流行音乐的某个特征入手进行总结。例如，有研究者从歌词的角度对流行音乐的类型进行了归纳，认为流行音乐包括通俗性、娱乐性、商业性、市民性、个人性和边缘性及颠覆性。（王丽慧）从传播的角度进行研究的学者从媒介技术的角度将音乐分为自然传播下的音乐和技术传播下的音乐。研究认为，从整体上看，音乐的技术传播（从出现至20世纪80年代）主要分为乐谱、唱片、无线电、电视四大类。（曾遂今，2003）得此启发，并结合本书试图阐明的情感与声音的关系，笔者认为，本节所指涉的流行音乐首先是与严肃音乐、古典音乐相对立的音乐形式；其次，本书强调的是通过大众传播工具传播开来的流行音乐。此外还有主要以城市听众为取向和倾向于通俗音乐两个特点的流行音乐。

- 中国流行音乐的概况

关于流行音乐在中国的发展，比较一致的说法是它诞生于 20 世纪上半叶，开始是在上海，后来发展为在以上海为代表的大中城市里迅猛崛起，一时蔚为大观。1949 年以后，流行音乐在中国大陆中断了，但这条线又在港台地区获得了新的发展。音乐史的研究者将流行音乐起始的年份精确为 1927 年。代表人物就是上面提到的黎锦晖。黎锦晖在当时编写的代表小市民口味的《毛毛雨》和《妹妹我爱你》等歌曲，标志着中国流行音乐的诞生。值得一提的是，在我国，流行音乐无论是最初的萌芽还是后来断断续续的发展，基本都是在民众灾难深重的时期。流行音乐在节奏上倾向于轻松活泼，黎氏在开始创作时多将这种音乐形式与爱情主题挂钩，与主流思想发生严重冲突，因此流行音乐的发展从一开始就承受了来自各方的压力，文化界对流行歌曲做出"黄色歌曲""靡靡之音"的评价，该评价在之后很长一段时期内主导着社会舆论。到了 20 世纪 70 年代末 80 年代初，流行音乐的传统又重新返回大陆。本书所指的流行音乐主要是 1978 年之后发展起来的流行音乐。1978 年，"文艺为政治服务"的教条被突破，音乐创作开始追求艺术的个性与生活的真实性。1980年1月，在一次由中央人民广播电台和《歌曲》编辑部共同举办的"听众喜爱的15首歌曲"的评选中，上榜的15首歌曲全部是抒情歌曲。尽管这些歌曲在创作上并没有太大突破，但在当时的听众中却广为流传。本书所说的流行音乐与审美情感的关系就是在这个背景下提出的。

- 流行音乐与审美情感的分化

流行音乐的诞生大大拓展了人们的审美范围。这里并不是说那种诉诸崇高美的严肃音乐在当时的人看起来毫无美感可言，只是说在长期只接受一种音乐类型的情况下，任何人都会产生"审美疲劳"。在经历了"文革"时代具有"高、强、硬、响"特点的"音乐教化"之后，流行音乐的"再度现身"为长期处于情感亢奋期以及渴望从"共性"压迫中寻找个性的愿望终于找到了出口。除个人情感宣泄之外，个性化审美等需求也都在流行音乐中得到了满足。

音乐与语气不同。人们关注语气更多是为了借助这一非言语传播的要素获得更多的"情感信息"，以协助自己做出判断。与这一功用性的目的相比，音乐就显得较为纯粹。音乐所激发出的情感更多的是一种审美情感。在这一点上，即便是主要负责"教化"的严肃音乐也不例外。区别在于，对于严肃音乐而言，这种审美情感通常是培养出来的；而对于流行音乐而言，这种审美情感更多是人自然情感的流露。

● 流行音乐要素与情感唤起

流行音乐与严肃音乐、古典音乐不同的是，它与大众日常生活的情感更为接近。从构成上来看，一首流行歌曲大致可以分解为歌曲和演唱者两部分。其中歌曲既包括音高、音强、音质按照一定序列排列起来的纯音响，也包括歌词。单纯的乐曲的确能让人知觉到一种美感，其原理前面已经多有描述，这里就不再赘述。但是这种美感往往很模糊、很概括，普劳尔称其为"审美表象"。而歌词却为这种感觉做了一定精确的定义，为受众的感知提供了精细化的抓手。关于歌词与歌曲的关系，苏珊·朗格认为是后者吸收、同化前者的关系，"当词进入音乐之后，它们便不复是散文或诗，而成为音乐的元素，它们的职能是帮助创造和发展音乐的基本幻象"。[①]在争夺大众听觉空间的流行音乐大战中，歌曲的首要作用是向人们发出邀请，用心理学的词来说就是唤起人们的注意，邀请人们进入由音乐创造的"第三空间"的大门。

歌手演唱的部分（用气的部分）原本属于音乐的表达。但是，在大众传媒的造星工程中，这种表达由技术和符号两部分构成。技术的部分是指演唱者自身的音质、运气技巧、与歌曲形式的融合程度等，符号的部分是指演唱者自身所附着的人们建立在其过往表现中的情感记忆。这两者共同介入到了流行音乐的情感唤起中来。

---

① ［美］苏珊·朗格. 感受与形式［M］. 高艳萍，译. 南京：江苏人民出版社，2013：157.

● 互动中的情感唤起

大众文化发展至今，流行音乐内部展开了听觉空间的受众的激烈争夺。争夺听觉空间与争夺视觉空间的关键都是注意力，根据注意力的分配不同，人们倾听音乐时的状态也不同。苏珊·朗格认为人们的聆听分为"真正的聆听即积极地思考音乐，和压根不听（如学生在解代数题时收听收音机里的代数题）"①。从听觉的生理特性来说，听觉作用于耳朵，很难像眼睛一样，在不借助外力的情况下就能阻隔外界的刺激。结合听觉的这一生理属性，受众听音乐时的状态可分为被动聆听和主动聆听两种。

被动聆听是指在被动状态下接收音乐刺激的情况，如将音乐当作自己生活、工作、休闲、娱乐时的背景音乐等。人们倾向于认为，在这种聆听状态下，音乐对情感的唤起不施加什么影响。但在国外已有几十年历史，近几年刚刚在国内兴起的音乐治疗向人们证明，即便是无意地听音乐，也同样可能通过改变人的脑波、肌肉紧张度等方式达到调节情绪的作用。一个比较经典的例子是，"二战"期间，美军医院的医生为受伤的战士播放音乐使感染率减少、死亡率降低，这种无意的治疗行为引起了人们的关注，战后这种方法曾被运用到军人医院、精神病医院等多个领域。目前音乐治疗已经被发展成为一门现代学科，并形成了一个社会职

---

① ［美］苏珊·朗格. 感受与形式［M］. 高艳萍，译. 南京：江苏人民出版社，2013：147.

业。① 此外，被动聆听还可以造成一种熟悉感，为偏好某一种音乐打下铺垫。国内外相关的研究资料表明，对音乐偏好产生影响的诸多要素中，较为突出的是听者对音乐的熟悉程度、音乐对于听者主观感觉上的复杂程度，以及音乐表现的情绪情感类别三个要素。这其中，音乐的熟悉性与偏好存在着极高的相关性，在这一点上音乐专业和非专业的大学生没有差异。（黄虹、蔡黎曼，2007）

在受众主动聆听流行音乐时，歌词的重要意义就凸显出来了。有研究者在分析流行音乐为何受欢迎时强调，流行音乐强调人性，注重与主体直接相关的内心活动，体现对个人心理的关照。它的内容贴近日常生活，以细腻、真实的手法刻画个人的情感世界和生活体验，是生活状态的直接呈现和情感体验的宣泄。另一方面，流行歌曲重视的是自身的感性体验，听众完全按照自己的生活经历和情感经历来理解歌曲内容，对处于相似社会环境里的人们，流行歌曲很容易给人真实的感觉，使其产生强烈的共鸣。此外，流行音乐还具有边缘性和颠覆性，流行歌曲属于非主流文化，不主动承担"载道"功能，在相对自由的边缘领域中，它常以戏谑却并不特别尖锐的方式对固有的社会等级和社会现象进行揭露和嘲弄，颠覆传统的价值标准和道德规范。

---

① 刘刚，袁立霞，靳瑞. 音乐治疗的最新研究及其临床应用［J］. 中国临床康复，2005（1）：40.

### 5.3.3　广播——波动中的情感表达

互联网出现以前，广播是唯一能真正做到无远弗届的音乐传播媒介，这种特质在广播的基础设施由有线转为无线之后就更加明显了。世界上几乎找不到一个广播信号不能到达的地方。[①] 从广播与情感的刺激—召唤关系来看，前面论述语气和音乐部分时基本已经涵盖。传播学媒介技术学派中"媒介即讯息"的断言广为流传。这一方面表明了传播媒介与人体器官的继承性，另一方面也提醒世人媒介技术并不完全是一种工具，它也有自身的发展逻辑。本书的探讨就从广播的技术性入手，与前面重合的部分不再赘述，对前面未提及的部分予以补充。

#### 5.3.3.1　广播之于中国语境的特殊性

在传播学研究中，从媒介技术视角探讨传播问题的有伊尼斯、麦克卢汉、尼尔·波兹曼等，马克思也从交往革命的角度关注过媒介技术的影响。人们一般倾向于认为技术是价值中立的，但在现实中，语言、文化、体制等都是制约技术自身逻辑运作的软性壁垒。这一点马克思、伊尼斯和麦克卢汉都有所注意，但他们更多是从语言与思维、技术与文化的角度来分析这种制约关系的，

---

① ［美］约翰·薇薇安. 大众传播媒介（第七版）［M］. 顾宜凡，等，译. 北京：北京大学出版社，2010：178.

其中麦克卢汉较多地谈到了广播技术。

众所周知，麦克卢汉因为提出了"地球村"的概念而闻名于世。互联网在当今的发展更是将这一当时看来大胆的设想变成了现实。在经济全球化的背景下，当人与人在商品、信息、交往模式之间的差异性越来越不明显的时候，语言将成为维护民族国家特殊性的唯一砝码。仅就现阶段的发展来看，语言主要是通过思维、文化这个间接的途径，来制约技术思维在全球的无限扩张。

马克思曾经说过："每个人在孩提时代听到学到的语言，是唯一能够把本民族的生活和经验中富有诗情画意的东西带进心田的语言，它在心中点燃了民族意识和感情的第一支火苗"。① 在谈到语言与思维的关系时，马克思坚定认为，"语言的发展水平对人类思维有决定性意义，不同的语言形态产生不同的文化形态"。② 这一观点得到了伊尼斯的认同和继承。后者在《时间的偏向》这本书里，一方面赞赏了"大约靠有限的1500个汉字，中国的文字就能以非凡的能力，成为表现方言的媒介"。另一方面尖锐地指出，"汉字的复杂性突出了读书人的重要地位，舆论的有限影响""汉字不是用特定的抽象或概括来固定观念，而是激发一大批不确定的具体的意象。汉字完全不适合形式上的精密"。伊尼斯对汉字的分析仅止于此，麦克卢汉在马克思和伊尼斯的基础上，有了创造性的发挥。他进一步阐述了伊尼斯所提到的"中

---

① 陈力丹．精神交往论［M］．北京：开明出版社，1993：77.
② 陈力丹．精神交往论［M］．北京：开明出版社，1993：77.

国汉字的非凡能力"，认为中国文化正是因为运用了这种会意性质的汉字而使"它们在经验深度上保留着丰富的、包容一切的知觉"，并且维护了"中国天衣无缝的家族网络和微妙细腻的部落结构"，麦克卢汉进而下了这样的判断：东方文化是"部落式的、偏重听觉的文化"。麦克卢汉认为相比较使用拼音文字的西方人，诉诸听觉的广播对于中国人而言更具影响力。这是因为广播诉诸时间，并且它是一种"深刻而古老的力量"，是"联结最悠远的岁月和早已忘却的经验的纽带"。广播所复兴的是"深刻的部落关系和血亲网络的古老经验"。对于广播与时间的关系，伊尼斯也有相同的观点，他认为所有凭借耳朵传播的东西，都有一个隐含的预设就是"对时间的依赖"。麦克卢汉和伊尼斯都认为，广播因为对时间和连续性的倚重，更适合官僚主义、集体主义和计划安排。

中国人重视家庭、背景和更偏好历史厚重感的观点霍尔也曾提及。伊尼斯和麦克卢汉的观点是成立的。广播在中国的发展也再次印证了他们的判断。广播电台是在美国诞生的。在发展之初，它始于一个关于"无线电音乐盒"的设想。1906 年，费森堡在纽约附近设立了一个广播站，他利用广播首次播出的内容就是圣经、歌曲演唱与小提琴演奏。[①]而一般认为美国西屋电气公司在匹兹堡

---

① 陆晔，赵民. 当代广播电视概论 [M]. 上海：复旦大学出版社，2010：26.

建立的 KDKA 电台，是世界第一家正式办理了执照的广播电台。[①]
该电台也主要以娱乐节目为主。（John Vivian，1991）中国广播
事业从一开始就与中国的革命事业紧密相连。[②] 虽然广播的空间
在当今被电视和移动互联挤压，但它本身具有的声音表达优势和
移动性强的优势，仍是它的传播特点。

### 5.3.3.2　广播与情感动员

广播在情感动员中的优势主要基于三点：广播诉诸听觉，广
播影响力的成本低，以及广播适合中国文化。

诉诸听觉的特性决定了广播天然地具有调动情感的优势。麦
克卢汉认为，广播既敏感又具有排他性，这恰恰也是广播在情感
调动时的优势。人们在通过广播接收信息时会较为专注，注意力
不容易分散。另外，在人们有意识地收听广播时，对于广播中涉
及的，而自己又不够熟悉的信息，会调动丰富的想象。注意力和
想象都是情感唤起的重要基础。再加上广播可以通过声音来顺应
或者是调动人自身的生理频率，这一切都为情感的出场埋下了充
足的铺垫，只差内容上的配合。广播史上奥逊·威尔斯的《星球
大战》，和希特勒下令一旦攻入莫斯科就要处死的第二号人物尤

---

① 郑超然，程曼丽，王泰玄. 外国新闻传播史［M］. 北京：中国人民大学出版社，
1999：31.

② 温济泽. 关于早期广播史研究中的一些问题［J］. 中国广播电视学刊，1991（2）：
26.

里·列维坦①都是上述分析的最好例证。

用广播进行情感动员的现实优势体现在实现成本上，这种成本具体分为形象成本和重复成本。与电视相比，除非一个人"天生丽质难自弃"，否则塑造一个人的视觉形象的成本要远远高于塑造一个人的声音形象。麦克卢汉举例说，赫鲁晓夫在美国电视上露面时，比尼克松更受欢迎，因为他显得更有趣，更讨人喜欢，他的形象还被电视弄成一种滑稽漫画的形象。换言之，站在传播者的立场上，若想从视觉上让受众感到愉悦，不但需要自身的形象优势，还需要一些表演技巧；但作为一位非专业人士，若想让受众听觉上体验愉悦，最简单的办法就是有意识地控制自己的气息，使自己处于一种沉稳的状态。

情感研究表明，情感与接触频次有着密切的关系。这一规律同样适用于内容的传播，正如戈培尔所说，"谎言重复一千次就是真理"。在战争、选举等特殊情境下，广播的重复成本低的主要原因是，它完全免去了印刷媒体在流通过程中的时间损耗和传播范围限制。这一点已经在历次战争中不断得到证明。

辜鸿铭论及"触动中国人的审美感觉，胜于触动他们的道德感和宗教感"。这种认知取向依旧存在一定的解释力。本书在讲

---

① 卫国战争爆发后，苏联情报局所发布的战报和最高统帅命令，几乎都由列维坦来播报。苏联著名作家西蒙诺夫写道：卫国战争期间，无论是硝烟弥漫的战壕，还是沦陷区，一旦播放战事新闻的时候，人们总能听到列维坦深厚、沉稳的男中音。在失利的时候，他给们人以希望；在胜利的时候，他给人们以欢乐。——范靖国. 广播与战争［J］. 国际新闻界，1993，Z1：85－86.

到语气时谈到，中国人不但关注信息的内容，更关注非语言信息如语气、表情等，因此在用广播接收信息时，眼睛的审美功能关闭，这种审美倾向不会消失，而是会从关注视觉形象转移到关注声音形象上来，这种对审美的追求，为广播调动情感创造了条件。

## 5.4　情感唤起的图像逻辑

### 5.4.1　色彩与情感关系的理论基础

传播学将色彩视为一种视觉传播中的语言要素，认为"不同的色彩可以表达不同的感情内涵"。[①] 从一般意义上来说，传统意义上[②]的色彩研究具有四个维度，分别是物理、化学、生理和心理（主观体验、科学实验）。

化学与色彩的创造相关；物理和生理的维度将色彩还原为一种光、一种神经冲动，为解读色彩与情感的关系提供了科学依据；色彩的心理维度与情感的关系较为直接。由于色彩与情感天然的关系，色彩常成为广告、电影、电视、网页设计等领域用于提高

---

[①]　宋昭勋 . 非言语传播学（新版）［M］. 上海：复旦大学出版社，2008：175.

[②]　"传统"是与"现代"相对的概念，"现代"是指，越来越多的学科以及在融合基础之上的新学科介入到色彩研究中来。介入的学科如神经学、遗传学、人类学以及语言学等。

传播效果和审美感受的利器。总体上说，传播实践比理论研究更重视色彩。在现有的基础上，引入色彩的生理、物理和心理维度有助于在学理上深化传播学对色彩与情感关系的认识。

### 5.4.1.1 色彩—情感的物理与生物基础

色彩的物理基础是由牛顿借助棱镜和一系列实验建立的。他向人们证明光是由不同的折射率引起的。基尔霍夫开创的光谱分析法最终使人们认识到，不同的颜色对应不同的波长，不同波长的光的连续排列构成了光谱。关键是，并不是所有的光都能被视觉系统所识别。有研究认为只有波长在 380nm ~ 780nm 之间的电磁波才能被人的视觉感应到，红色的波长是 647nm ~ 700nm，是所有光谱中波长最长的光，同时也是穿透力最强的颜色。正是得益于 19 世纪光学和光谱学的发展，照相术才得以发明，这与本书下面会讲到的图片相关。

色彩的生理基础主要是指视觉物质基础，如眼睛、视网膜、大脑等。其中视网膜与色彩的关系最为密切。视网膜由视杆细胞和视锥细胞构成。神经生理学的"成分构成论"（the component theory，又称"三原色理论"）认为，人眼视网膜上有三个色彩感受器，它们对长短波的敏感程度不同，构成了三个分工不同、各司其职的色觉传感视锥，分别接受处理红、黄、蓝三种基本色彩。人类肉眼能看到姹紫嫣红的世界，就是三原色机制相互调配的结果。赫林于 1878 年提出的撷抗过程论（the opponent – process theory）认为，人的三个色觉传感视锥具有互补性功能特征。随着色彩生理学的发展和物理实验手段的不断发展，越来越多的心理语言学家试图通过词找出人类色觉感知与语言表达之间的关系。

色彩与情感的"刺激—唤起"关系实际上是以色彩的生理、物理维度为基础，在色彩的心理和文化维度上展开的。具体是从色彩的主观体验上来说的。在人类历史上，最早对色彩产生兴趣的是哲学家和文学家。例如，古希腊哲人柏拉图、亚里士多德等，很早就通过思辨的方式对色觉感知与色彩表达之间的关系做出过研究。（杨永林）亚里士多德通过观察的方式将色彩划分为简单色（黑白）和复合色两种，并提出视觉之于人认识世界的重要性。文学家歌德历经20余年的科学实验，从色彩美学的角度入手，研究不同色调与情感的关系，认为暖色调可以激发欢快活泼的情感，冷色调往往是个人烦躁多虑、心境不安的刺激反应。

### 5.4.1.2　色彩—情感的心理、文化维度

从目前的研究来看，色彩与情感的关系可以分为生理维度、心理语言维度和文化维度。这三个维度不但与情感相关，也与传播学研究有密切的影响。色彩的生理维度与情感的关系是线性关系，色彩对情感较为明显的唤起通过这个渠道表达。例如有研究表明，如果一个人处在红色的环境中一段时间，他的脉搏跃动会加速，血压也会有所升高，大脑中掌管兴奋的部分十分活跃。（郭晨旭）通过调节单块色彩的三个构成要素，亮度、浓度和纯

度以及不同色彩之间的比例、面积等，将色彩作为调动人们情感，提升人们审美体验的重要变量，在摄影、广告、电影、电视剧、网页设计等领域广泛运用。

事实上，人类肉眼能区分的色彩种类达七百万种，可以通过语言表达出来的却十分有限。随着神经科学的不断发展，一些语言学家也相继展开了色彩语言与心理知觉之间的关系研究。（杨松林）其中色彩与情感是一块较为前沿的领域。基于一定的语料库，借助统计学、心理学和计算机科学等相关的研究方法，通过语言这个中介，研究者正在将色彩和情感的关系通过客观性、可重复性、可验证性的科学路径予以发掘。

值得一提的是，跨文化的研究表明，色彩与情感的关系并不具有普适性，事实上它还存在着较多的由于文化、性别和职业等造成的差异。因此，将语言中关于色彩与情感的关系研究进行运用时，一定要注意社会文化语境。

### 5.4.1.3　色彩情感与传播的中国语境

在传播中运用色彩进行情感表达时，不但需要"理"（科学）、"术"（技巧）的层面，还需要有"情"（文化）的一面。通常情况下，色彩与情感具体的唤起关系，主要是通过语言学与实验手段相结合的方法获得的。语言学通过传统的研究方法，如比较法和文献法得出的结论，通常能得出色彩在文化意义上的不同。例如，在西方社会中，黑色代表哀悼；而在中国文化中，白色表示悼念。进而推导出，"黑"与"白"在情感的激发上存在着文化差异。[1] 当然也有具有普适意义的颜色，例如几乎所有文化都把绿色视为生命之色，象征着年轻与健康。下面主要以中国文化语境，探寻色彩情感与传播的关系。

有研究者以"色彩词语与情绪表征"为整理框架，对《现代汉语词典》（1983 年版）中所涉及的中国本土的色彩词汇做了整理。总结后得出的色彩词语有红、赤、黄、蓝、绿、白、黑、青、灰、金 10 个（其中与紫色和橙色相关的情感语义较少，因此予以忽略），总结出相关的语义词条数量 97 个。从研究者呈现的研究结果来看，颜色与其所表征的情感语义在数量上呈现出明显的差异，研究表明在中国人心目中红色和白色所表征的情感语义最丰富。

上面所提到的运用语言学与实验手段相结合的方式测量色彩与情感关系的研究方法，通常是在此基础上，通过问卷的方式，测量被试对不同色彩的情感联想。[2] 例如，研究者以军人被试为对象，以主观评价的方式让军人对与颜色相对应的情绪词语打分，打分采取五分制。得出一系列结果，本书在此数据的基础上进行了二次整合，引用其中与情感相关的部分作为例证。其中，"√"代表情感与色彩呈正相关，"×"代表情感与色彩呈负相关。

---

[1]　杨永林 . 社会语言学与色彩语码研究 [J] . 现代外语（季刊），2002，25（4）：334 – 335.

[2]　侯艳红 . 色彩信息的心理语义特征及"隐性"色彩信息对情绪和认知的影响研究 [D] . 第四军医大学博士学位论文，2007.

表 5 –3　颜色与情感的正负关系

| | 愉快 | 惧怕 | 悲伤 | 厌恶 | 愤怒 |
|---|---|---|---|---|---|
| 灰色 | × | √ | √ | √ | √ |
| 黑色 | × | √ | √ | √ | √ |
| 白色 | × | √ | √ | | |
| 青色 | | | | | |
| 紫色 | | | | √ | |
| 黄色 | | | × | | |
| | | | | | |
| 橙色 | | × | | × | × |
| 蓝色 | √ | × | × | × | × |
| 绿色 | √ | × | × | × | × |
| 红色 | √ | | | | √ |

最能代表愉快的颜色是：蓝色、绿色、红色；代表不愉快的颜色是：灰色、白色、黑色。

会使人产生惧怕联想的颜色是：灰色、白色、黑色；不容易引发惧怕联想的是：橙色、蓝色、绿色。

会使人联想到悲伤的颜色是：灰色、白色、黑色；不容易引发悲伤联想的是：黄色、蓝色、绿色。

会使人引发厌恶联想的颜色是：灰色、紫色、黑色；不容易引发厌恶联想的是：橙色、蓝色、绿色。

会引发愤怒的颜色是：灰色、黑色、红色；不容易引发愤怒联想的是：橙色、蓝色、绿色。

当然研究者也分析到，由于被试的职业较为特殊，在生活中接触"绿色"较多，与其他颜色相比，会表现出对"绿色"的偏好。

### 5.4.1.4 中国传统文化之于情感联想的潜意识作用

中国传统文化中占主流的色彩理论有两个：一个以儒家色彩观为代表，一个以道家色彩观为代表。两者都起源于古代中国哲学中阴阳五行学说，其中"五色"论是阴阳五行学说中的一部分。儒家的色彩观就是孔子所言的正色，即"青、赤、白、黑、黄"，① 是对周礼的一种继承。中国传统的色彩结构是正间结构，除了上述的"五正色"之外，还有五间色"绿、红、碧、紫、流黄"，它们也与五行说相合。原本五正色还具有方位、性格、情绪等具体的表征含义，但是在礼教的背景下，五正、间色的象征意义被强化了。正色为尊，间色为卑，规约了"上下""主次""男女""君臣"的等级关系。孔子很看重正色，对于周人在不同时间不同场合，对服饰色彩所做出的规定可谓是登峰造极，孔子对此都"尊奉惟谨"，孔子看重的就是色彩所象征的等级结构。

相对于由孔子开创的，五色绚丽、文礼隆盛的儒家色彩观，以老庄为代表的道家的色彩观就主张返璞归真，删繁就简，并选择黑白作为其追求朴素美的一种体现，正如庄子的观点所表达的"朴素而天下莫能与之争类"。道家的色彩观其实是主张用黑白二色来表现绚丽多彩的世界，这一美学思想对文人、画家产生了深

---

① 王文娟. 论儒家色彩观［J］. 美术学，2004（10）：89.

刻的影响，他们主张"墨分五色"，用墨"写胸中逸气"，追求简洁取胜的超然境界。①

在后来的历史流变中，五正色、间色在身份象征的意义上出现了僭越，比如作为间色的紫色由于深得齐桓公的喜好而成为国家管理阶层最高的色彩象征，与此相比还有红色。但总体上说，在中国古代，正色大多维系在较为稳定的状态，而间色则在民间得到了灵活、广泛的运用。从现在的角度来看，上述色彩结构似乎已经离人们的正常生活很远了，但是，作为一种积淀已久的潜意识，它仍然会在人们无意识的色彩选择中透露出一些信息。此外，在由中国官方主持的各类仪式中，对于这种颜色的搭配依旧是很重视的。

表5-4　儒家色彩观中的五正色与情感的对应关系

| 黑色 | 红色 | 绿色 | 白色 | 黄色 |
| --- | --- | --- | --- | --- |
| 北 | 南 | 东 | 西 | 中 |
| 水 | 火 | 木 | 金 | 土 |
| 冬 | 夏 | 春 | 秋 | 长夏 |
| 智慧 | 仁慈 | 博爱 | 公正 | 和善 |
| 悲 | 乐 | 喜 | 怒 | 忧 |

### 5.4.1.5　色彩与传播

从生理学的角度来看，人的视觉器官在观察物体时，最初的

---

① 葛祥云. 色彩的情感表达——工笔人物画色彩解析［D］. 首都师范大学硕士学位论文，2011.

20秒内色彩感觉占80%，形体占20%；2分钟后色彩占60%，形体占40%；5分钟后各占一半，并且这种状态将继续保持。[①] 一份来自心理战宣传单的评估分析，也从科学实证的角度表明色彩在传播内容方面的影响力（见表5-5）。

与文字相比，色彩所传递的情感更容易引发人们的注意和无意识的吸收，但这一点在以往的研究中尚未得到充分的关注，本书希望在这个意义上提供一定的理论支持。

表5-5 心理战宣传单评估分析

| 因素 | 权重 | 评估人员打分 | | | | | 平均得分 | 标准分 |
|------|------|-----|-----|-----|-----|-----|--------|--------|
| | | 1 | 2 | 3 | 4 | 5 | | |
| 纸张质量 | 0.05 | 80 | 85 | 83 | 88 | 90 | 85.2 | 4.3 |
| 规格尺寸 | 0.05 | 90 | 85 | 90 | 88 | 87 | 88 | 4.4 |
| 色彩色调 | 0.10 | 90 | 92 | 90 | 93 | 95 | 92 | 9.2 |
| 信息含量 | 0.20 | 75 | 78 | 80 | 82 | 76 | 78.2 | 15.6 |
| 信息价值 | 0.30 | 90 | 91 | 90 | 93 | 95 | 91.6 | 27.5 |
| 语言艺术 | 0.10 | 60 | 66 | 67 | 68 | 70 | 66.2 | 6.6 |
| 图文并茂 | 0.10 | 80 | 85 | 84 | 87 | 82 | 83.8 | 8.4 |
| 科技含量 | 0.10 | 60 | 66 | 70 | 72 | 68 | 67.2 | 6.7 |
| 合计 | 1.00 | | | | | | | 82.7 |

---

[①] 侯艳红. 色彩信息的心理语义特征及"隐性"色彩信息对情绪和认知的影响研究[D]. 第四军医大学博士学位论文，2007.

## 5.4.2 图片效果产生的几种情感基础

论述图片之前，首先需要对本节所讨论的图片下定义。与色彩不同，图片在传播学界受到的重视要远高于前者，尽管前者是后者重要的构成要素。

有研究者从报纸编辑的角度对图片进行分类，认为报纸上的图片包括照片、漫画、图示和图饰。图片的主要功用体现在纪实性、证实性、解说性、装饰性和视觉冲击性。由于图片具有直观、形象、阅读速度快等特点，在图片技术（摄影、照相制版等）不断提高的未来，图片在报纸上的地位必将不断提高。在我国首届总编辑新闻摄影研讨会中，大会提出了"图文并茂，两翼齐飞"的方针，是图片在中国报纸传播中地位提升的一个标志。①

非言语传播的研究者将图片视为非语言传播中的传播要素，并将图片置于印刷媒体和电子媒体②两类媒介语境下进行分析。在电子媒体中，研究者将图片进一步解构为景别语言、光影、色彩语言、构图语言和画面人体语言。在研究新闻摄影的研究者眼中，图片应在报刊版面上具有独立地位，可以作为"一种独特的新闻报道手段来独立发布新闻"。新闻摄影的优势在于视觉直观、现场可证、瞬间永恒。新闻摄影的社会功能是传播形象新闻、指

---

① 蔡雯. 新闻编辑学 [M]. 北京：中国人民大学出版社，2006：344.
② 电子媒体包括广播、电视、电影、电脑等。

导社会生活、审美教育功能。新闻摄影应以人和人的情感为重点表现对象，注重人物情感的表现和人物性格的揭示。① 实际上，图片也是广告的一种表现形式，是电影内容的基础单位。总体上来说，研究者将图片看成与文字有所不同的视觉性的非言语传播符号，具有直观、形象、易于阅读的特点。与艺术创作的图片相比，新闻照片更强调真实、可信，弥补文字新闻在还原真实上的不足。

大卫·H. 科尔在其所著的《摄影传播》中，对摄影的题材做了如下分类：漂亮和美好的事物、名人名事名物、幽默摄影、出乎意料的事情、壮观的景象、人们熟悉和喜爱的事物、图案效果、神秘感、悲剧题材、社会生活。这给本书界定图片提供了启发。一般突出图片情感面向的研究多集中在文艺学和美学研究中。根据对相关文献的查阅与整理，本书认为传播受众在看到一张图片时通常有五种态度。从图片的物理属性出发的有：1. 科学的态度——如评价图片的摄影技术如何，对于图片所表现的内容，更关注其物理、生物属性，例如一张关于梅花的照片，受众会关注它属于植物学中的哪一个门类，生长需要哪些条件等。2. 实用的态度——人们打算把照片送亲友，或者用来装饰。从图片的心理属性出发的有：1. 娱乐的态度——照片带给受众轻松、愉悦的感受，换言之就是使人们感到快乐的东西，是康德所说的"快适感"。这类照片如报纸上的漫画、互联网上的恶搞照片等。2. 审

---

① 盛希贵. 新闻摄影教程［M］. 北京：中国人民大学出版社，2003：42.

美的态度——受众无任何的功利目的，从图片中体会到自由的愉悦感。例如上面所提到的壮观的景、漂亮和美好的事物等，这部分图片属于艺术创作。3. 道德的态度——受众从图片中获取了事情是非曲直的判断，并且对其中图片所表现的善的东西给予认可，对图片所表现的内容表示尊敬、赞成。当然"恶"的东西也是同理的。这个维度涉及新闻图片。由于本书探讨的主体是传播要素中的情感，并且传播主要是指大众传播领域流通的图片，在分析上主要指向图片的心理维度，或者说是从图片的美学维度入手进行探讨的。随着互联网和手机拍摄技术的不断提高，图片的来源得到极大的扩展。图片在传播中占据的比重越来越大，有人将这种现象称为"读图时代"的到来。

### 5.4.2.1　图片的情感基础——审美情感

美感经验起源于人的形象直觉。其中直觉（intuition）是"知"的初始阶段。[①] 不同的是一部分美学家强调美的无功利性，认为如果美感牵涉了过多功利的判断如实用性、道德等认知因素，那么美就失去了"自由"，没有了"为艺术而艺术"的意义。此类观点的代表是意大利美学家克罗齐和朱光潜的前期美学研究。一部分美学家认为在美感的直觉性中，潜伏着功利的、理智的逻

---

① 这一分类法来自朱光潜先生的《文艺心理学》。他将"知"分为直觉、知觉（perception）和概念（conception）。并认为直觉先于知觉，知觉先于概念，但是三者在实际经验中是很难分开的。其中"知觉"主要是指由形象而知意义的"知"。

辑基础。美感的二重性规律来自形象的直觉性与社会功利性。此类观点的代表是李泽厚、朱光潜后期的美学研究。结合中国实用理性的传统，以及大众传播领域的具体实践来看，本书认同美感来自人的形象直觉的说法，并认为在传播领域，无功利的美和功利性的美并存，其中功利的美感占据大多数。正如在本节开头所说的，人们使用大众媒体的主要动机在于获取信息和娱乐。其中大众传播的娱乐功能是为了满足人们逃离社会控制的需要。但这并不是说无功利的美不存在，只是说若想真正体验到无功利的美所带来的愉悦并不容易，它需要传受双方的共同努力。比如图片讲究瞬间的爆发，它定格的是一刹那的美，这就不仅需要图片的创造者具有捕捉这一瞬间的能力和摄影技巧，还要有受众敏锐的感受能力。正如马克思和恩格斯所言，"当作品与欣赏者相适应时，文艺的交往会取得比其他精神交往形态强烈得多的传播效果"。否则，"某些艺术（如大众化的绘画、音乐）是最适合用来作为与文化水平不高的人们进行交往的"。① 关于后者，还需要补充的是，图片不仅适合与"文化水平不高的人"进行交往，也适用于在语言沟通上有障碍的人（外国人、不同民族的人甚至是不同学科的人），郭建斌在考察现代传媒与少数民族——独龙族的乡村日常生活时发现，比起文字的传播，图像具有更为通俗易懂的传播优势。他写道："对于在交流上有困难的人来说，图像对他们的吸引力远远超过了通过播音员口播传送着的语言文字信

---

① 陈力丹. 精神交往论［M］. 北京：开明出版社，1993：136.

息""对于那些远离他们生活的电视连续剧，比起电视新闻，他们更容易理解。""与看新闻时的相对随意相比，看电视剧时大家要专心致志得多"。①

照片是绘画的前身。从绘画在中国人审美中所占据的地位，也能看出中国人在看待图片时的审美倾向，尽管这种倾向未必会被人们意识到。李泽厚在分析宋代山水时曾指出，"中国山水画不是门阀贵族的艺术，而是世俗地主的艺术"。② 对于明清时代的市民文艺，李泽厚又分析到，"对人情世故的津津玩味，对荣华富贵的钦羡渴望，对性的解放的企望欲求，对'公案'、神怪的广泛兴趣……尽管这远不及文人士大夫艺术趣味那么高级、纯粹和优雅，但它们倒是有生命活力的新生意识，是对长期封建王国和儒学正统的侵袭和破坏"。③ 本书在第三章提出过"中国人情感的定调者——农民"，分析过微博上炫富、炫美的情感基础，李泽厚所说的虽然是传统语境下的中国人的审美情感，但本书认为它同样适用于现在，也部分地解释了读图时代之于中国人的特殊情结。

#### 5.4.2.1.1　图片的情感基础——道德情感

拉得利和肯尼迪在 1992 年曾经做了一项关于慈善海报是否能激起人们同情心的研究。研究者发现，对于社会—经济地位（so-

---

① 郭建斌. 独乡电视：现代传媒与少数民族乡村日常生活［M］. 山东：山东人民出版社，2005：158.
② 李泽厚. 美的历程［M］. 天津：天津社会科学院出版社，2006：272 – 281.
③ 李泽厚. 美的历程［M］. 天津：天津社会科学院出版社，2006：272 – 281.

cio - economic status，SES）较高的群体而言，图片所想达到的激发同情心的效果并不明显，这部分群体考虑更多的是如何切实促进残障人士的平等权力。但是，社会—经济地位较低的人却很容易被海报所展现的内容激发出同情。这一点表明图片审美效果的达成还与人们的地位与认同相关。事实上，图片在诉诸某些道德情感时都部分隐含了说服的意图，这种情感包括本书在第三章分析到的同情心、爱和正义等，如公益广告、新闻图片等。从构成的一般性来讲，图片包括的元素有光影、色彩和构图。而仅仅色彩就能从不同组合形式上调动起人们的潜在情感。（见第四章第二节）用一刀切的方式去总结图片所唤起的情感可以说是不可能的，因此本书将图片看成是一个整体概念，谈论图片在唤起道德情感时的一般性规律。

5.4.2.1.2 图片情感——传受双方共建的情感

罗兰·巴特在《作者之死》中表达过这样一种观点。他认为"读者的诞生必须以作者的死亡为代价"。"作者之死"实际上探讨的是文本、读者与作者的地位关系问题。巴特认为读者是自由的，当然前提是放弃了对文本本身的尊重。当阅读不再需要围绕作者的创作原意进行探寻，不再试图寻找文中隐秘的象征意义或人生的终极意义时，读者就成了文本的主人。通过游戏式的阅读构建自己感性的、情感的甚至是欲望的极乐感受。有研究者认为，《作者之死》将传统关注作者的重点转移到了关注读者，导致了"对文本意义的探讨从确定趋于不确定，从绝对变为相对，从单义变为多义。这种去中心的特点与解构主义遥相呼应"。① 虽然此论断在文学界引发了一定的争论，但本书认为这一解读适用于图片在网络情境下的运用。

2008 年，南京市江宁区房产局原局长周久耕就楼市问题接受媒体采访时表示，要查处"低于成本价"销售的发展商，此番言论一出可谓是一石激起千层浪，引发热议。但是令周久耕本人没有想到的是，就在此番言论发表之后的第四天，一位署名"华阁"的网友在"天涯社区"发帖指出，周久耕开会时抽的烟是南京卷烟厂出产的"九五至尊"香烟，一条 1500 元，并以周久耕开会时无意被拍到的香烟照片为证。该帖发布后引起网民向周久耕发起攻击。在网友和报纸媒体的进一步调查下，周久耕还被曝出了戴名表、开名车、有个从事房地产开发的弟弟等一系列新闻，最终导致法院以受贿罪判处其有期徒刑 11 年。

单从图片在整个事件发展中的作用来看，是完全符合巴特所指涉的"作者之死"的论断的。在有关领导开会的新闻中附上主要领导的相关照片，原本是此类新闻报道的惯常做法，周久耕的开会照片最初被拍摄时所起到的功能也主要是配合报道，从图片所使用的语境来看，该照片也未必想唤起什么特殊的道德情感。不承想很长时间之后，此照片中充当"配角"的"烟"竟然成为对图片力图想表现的人物主体周久耕致命的腐败例证之一，激起

---

① 钟晓文．"作者之死"之后——论自由的读者［J］．福州大学学报（哲学社会科学版），2005，71（3）：62．

了网民的"正义感"（道德情感），这恐怕也是该新闻图片的拍摄者未曾预料到的。这从一个方面论证图片作品在被拍出之后，究竟能唤出受众怎样的情感，已经不由原创者本人决定了。不同的图片与不同的主题结合会激发受众不同的情感。还有一个更为典型的案例就是周森锋的"打伞门"事件。记者原本想通过照片表达的是市长不辞辛劳，冒雨走基层，与民众在田间地头交流。可是因为文中有两个人在市长与他人谈话时替市长打伞，这样一组照片就被受众解读为"下级为市长撑伞"，是官僚作风的典型例证。①

上述两个案例都从受众的角度说明了图片激发人们情感时的多义性和不可预测性。事实上在传受角色早已模糊的网络时代，传者对图片的态度也发生了改变。一份来自瑞士洛桑艾丽斯摄影作品展的研究表明，摄影者已经不再单纯地从发现者的角度去记录现实世界，而是从现实中任意抽取他们所需要的元素，形成自己的语句，表达现实背后他们的观点和认知。②

### 5.4.2.1.3 图文共建的情感

从历史的角度来看，图片的前身——绘画至少比文字古老三倍，而图像交流的重要性也早在 19 世纪就已经深入人心了。丹尼尔·布尔斯廷在《图像》中，将人们利用各种机械制作的图像进行交流的方式称为"图像革命"。布尔斯廷所指涉的各种机械制

---

① 张杰. 读图时代对网络舆论生成与特征的影响［J］. 新闻界，2011（9）：63.

② 任悦. 数字时代视觉表征的变化［J］. 国际新闻界，2007（2）：18.

作的图像包括照片、印刷画、海报、图片和广告。尼尔·波兹曼在其著作《娱乐至死》中甚至用了"攻击"这样的词来描述图片对文字的影响。他认为"以图片为中心的这些图像不仅仅满足了对语言的补充作用，而且还要试图替代语言诠释、理解和验证现实的功能"。上述两位作者都洞悉到了图片之于文字的影响，但是时代的发展并没有因此而有所改变，反而有加剧的趋势。

　　随着读图时代的到来，用图文并茂的方式来表现已经超越了传统的新闻、平面广告，在社交网站中用图配文的方式来抒情达意越来越成为主流。有研究新闻图片影响力的研究者认为，图文关系大致可以分为因图生文、图弱文强、图文并重、一图胜千言四种关系。本书认为在通常意义上，文字被视为理性的代表，而图片主要起到了唤起情感的作用。一幅好的图片常常强调"视觉中心"的概念，从图文配合的角度来看，图片可能发挥的功能包括：1. 借助图片直观性、形象性的优势帮助文字突出中心，从而起到吸引受众注意的作用。2. 强化对文字中心意思的记忆。例如平面广告就是运用情感上的触动比之事实性的论据更容易记忆的特点来设计图文比例的。3. 对文字意义的消解。这主要是针对图文配合不当，或者文字的表现力远没有图片强的情况。4. 提高人们在阅读文字时的审美体验。

　　当然，图片唤起情感时也是有技巧可言的。除了构图、色彩搭配等技术性因素之外，图片的内容还应该满足缩小心理距离和适宜移情等特点。换言之，人们在看到一张图片时常常根据图片与个人的兴趣、爱好、经验、记忆是否有重叠相关，甚至在很多时候，展示图片的人与自己的关系如何也会影响图片对情感的唤起作用。此外，图片所展现的内容要适宜移情，这种移情从图文配合的角度来讲，就是适应将文字中体会到的情感移入照片中，单从图片的角度则意味着，图片是否唤起了人们处于朦胧状态下的潜意识。

### 5.4.3　电影与娱乐情感

前面两节，本书重点谈论了图片，并从审美情感和道德情感两个维度分析了图片和情感之间的"刺激—唤起"关系。本节主要谈"加入了声音的、不断变动的图片"——电影。

1824 年，英国医生罗吉特就发现视觉暂留现象，即人眼睛里的物象能在物消失后继续保持一个短暂的时间。根据这个原理，不连续的画面快速变动时可以在人眼中形成连续的景象。1894年，爱迪生根据这个原理，用电灯光和电动机制成了世界上第一台电影放映机。同年，爱迪生的公司拍摄了世界上第一部电影《列车抢劫》。通过对电影产生的物理基础的回顾，也部分支撑了本书将电影视为有声的"不断变动"的图片的定义。有人曾将电影称为"精神的原子弹"，从语言的角度来看，这句话因为使用了类比的修辞而充满情趣，但事实上，这样的比喻是有着科学依据做基础的。在本章关于声音、图像的分解论述中不难发现，从生物基础来看，情感的唤起依赖于人的眼睛和耳朵；从物理原理来看，情感的唤起主要依靠声波和光波，而电影恰恰是运用色彩和声音的艺术。换言之，电影是将声波和光波运用得最精心、最艺术的媒介之一。所以将它的情感调动能力、认知改变能力称为"精神的原子弹"，是看似艺术实则深刻的表述。

现在，电影常常成为人们宣泄情感和进行移情的媒介，这可以归因为人们宣泄是为了逃离社会控制，而电影正好提供了控制之外的一切幻想，在这里正义总能战胜邪恶。周传基认为电影的基本元素就是声波和光波。从这个维度来看，本书在上面所提到的声音、音乐、色彩等诸多传播要素都可以看成电影可能唤起人们情感的作用点。与这些相比，电影所独具的蒙太奇手段的确值得一提。创作者们正是通过它才实现光与声、现实与幻想之间的距离的。

### 5.4.3.1　电影与情感的技术维度——蒙太奇

蒙太奇所指的就是电影的剪辑，是将片段的镜头组合成一个完整流程的过程。蒙太奇主要是通过两个渠道对人的情感发出邀请的：1. 镜头组合；2. 运动镜头。关于镜头的组合，有一位电影大师做了这样的实验。他将三组镜头做了顺序和倒序的排列，结果发现人们对此产生的感受完全不同。这三组镜头是：1. 一个人在笑；2. 一把枪直指他；3. 那个人的脸呈惊恐状。如果按照目前的顺序排列下去，那么这个人给人的感觉是胆小的；但如果按照

3、2、1 的倒序排列，人们就会认为这个人很勇敢。正如爱森斯坦所说的，将两个蒙太奇镜头放在一起，其功效不是简单的叠加，而是能产生"两个数之积"的功效。

而通过镜头运动来唤起的情感，其规律与声波相仿。以制造紧张气氛为例，快速地推拉镜头和快速地摇动镜头都能让观众的情绪紧张起来。而慢速地推镜头又可以引发人们的思考。这一点类似于声音通过加快气流的节奏带给人压迫感或通过放缓节奏让人感到意味深长的原理，正好印证了上面所提到的，电影的基本元素是声波和光波。

### 5.4.3.2 电影与情感的心理维度——无意识

电影所运用的所有表现形式都是为了让人们放下意识，进入催眠的状态，进而完成电影与观众深层潜意识和集体无意识的对话。众所周知，潜意识的理论来自弗洛伊德。该理论强调了两个人格中的两个面向，一个是被压抑了的性欲，一个是婴幼儿期被阻碍了的梦想。而集体无意识的理论来自荣格。他强调的是"积淀"，当然这种积淀来自文化的、历史的和种族的。"集体无意识"的概念多次在本书的论述中以中国传统文化的形象出现。在艺术创作中，能透过层层迷雾，掀开集体无意识面纱的作品就是好的作品。

### 5.4.3.3 电影与情感的社会维度——政治与道德

解玺璋认为电影叙事的情感模式，大体上可以分为三种：一种是自我升华的"政治兴奋感",一种是艺术至上的"审美优越感",还有一种是大众化的"世俗幸福感"。本书将电影与娱乐功能挂钩在西方可能很常见,但在中国却经历了曲折的过程才得以达成。电影原本只有为艺术而艺术和用道德驾驭艺术两种之争。人们现在习以为常的娱乐功能更多是在导入市场机制后的一个结果。尽管如此,以受众为本位或者以世俗幸福感为导向的电影也不是中国电影的强项。中国的电影长期在道德与艺术、政治与艺术、艺术与艺术自己这三个关系之间徘徊。

当理论界还在争论到底应该坚持为艺术而艺术的理想,还是与道德合谋或者被道德所规约时,大众对电影的要求仅仅是释放情感、获得些乐子而已。

## 5.5　小结

本章在第三章情感分类的基础上,将情感重点与传播中的两个非言语要素(声音、图像)进行了结合。依据是:1. 与言语传播中的传播要素文字相比,声音和图像具有"直观"和"形象"的特点;2. 符合人们认知习惯中的省力原则;3. 在现实中常作为唤起情感的主要媒介;4. 文字传播在传播研究中发展得足够充分。在确定研究对象之后,本书进而将声音分为语气、音乐和广播三个维度,将图像分为色彩、图片、电影三个维度。从已有的研究来看，声音和图像的三个维度虽然不是情感唤起的唯一途径，但却是最佳途径。三者内部的逻辑关系是包含关系。在分析思路上，本书借鉴了实验心理学中的"刺激—唤起"框架，分别将声音与图像看成是情感的刺激物，将两者分别从如何唤起情感、不同的传播介质会唤起怎样的情感、在实际的运用中应该注意哪些方面三个维度进行了分析。心理学的研究通常是个人视角的研究，借用心理学框架的分析研究，属于情感与传播的个人视角，特点是：1. 在传播娱乐功能上的延展；2. 以心理学研究范式为主，社会学研究成果为辅；3. 偏向微观视角，重点分析了传播技巧。

事实上，面对互联网的冲击，大众传播领域的传受双方已经发生了接近于质的变化，自媒体的崛起模糊了传统意义上的传受边界，如一次次媒介技术革命一般，旧有的话语中心再次遭遇了边缘领域的全面消解。从这个意义上来说，本书从情感与传播的个人视角来谈传播效果问题很难说究竟归属于传受哪一方，但毫无疑问的是，伴随着话语权的逐渐下放，谁掌握了传播中的技巧，谁将已有传播资源重构得更好，谁就更有机会借着新媒体的东风乘势而上，成为新一代的话语明星。

# 第6章　群体视角下的情感：情感与冲突

## 6.1　"群体"概念在传播学研究中的流变

"群体"这个概念对于传播学而言并不陌生。传播学四大奠基人之一的库尔特·勒温（Kurt Lewin，1890—1947）就曾以群体为对象，研究过群体"内聚力"（cohesion）①、传播中的影响扩散等问题。在勒温看来，群体关系好比"细胞"，这些"细胞带有可以将彼此连接起来的线条"，其中任何一个部分的变化都必将

---

① 内聚力就是指个体成员实现集体期望的程度。内聚力标志着集体对个人的重要性。这个概念被用来解释一个集体中的成员资格能够预示一个集体成员的行为变化的程度。——［美］E. M. 罗杰斯. 传播学史——一种传记式的方法［M］. 殷晓蓉，译. 上海：上海译文出版社，2007：301–302.

引起另一个部分的变化。① 这是一种"类生物学"的表述，推动了社会网络分析法的诞生。在勒温的研究中，"群体"所指涉的内容是随其研究主题的变化而变化的。"种族群体""麻省理工学院西门公寓中所有已婚学生"等都曾是勒温群体动力学研究的对象。由于勒温不但研究松散的群体，也进行组织传播活动的研究，因此社会心理学使用了"团体动力学"一词来概括勒温所开创的心理学体系。

文化研究中也经常使用"群体"概念。在这里"群体"（group）被定义为一群具有某些共同兴趣与目标的人。② 根据规模大小，可以分为小群体和较大群体。小群体（small group）的特征在于成员之间通过角色扮演，目标确定与情感关系的发展而保持互动，联系相对紧密，如家庭、朋友圈与工作群体等。与之相较，在较大群体中，成员的增减通常对群体结构与功能的发挥没有什么重要影响，联系较为松散，如电视受众等。除此之外，依据分类标准的不同，"群体"的概念还在不同的研究中被进一步区分为正式群体与非正式群体、初级群体与次级群体、临时群体与永久群体、自主群体与依赖群体等。

---

① 刘九林. 当代社会心理学中"勒温传统"的内涵及影响［J］. 菏泽学院学报，2005，27（3）：89.

② ［美］约翰·费斯克. 关键概念：传播与文化研究辞典（第二版）［M］. 李彬，译. 北京：新华出版社，2004：121.

### 6.1.1 "群体"概念在传播学中的运用

在中国，传播学关于"群体"概念的发展以及"群体传播"的传统并没有得到很好的继承。有研究者认为这主要与在传统媒体的背景下，"群体"更多地表现为"在一个物理空间中围绕一个话题进行讨论的主体。其传播行为，由于范围小、效率低、效果不显著等特性，未引起重视"相关。（隋岩，2012）这其中，影响力不够是导致"群体传播"不受重视的要因。

然而近些年，伴随互联网技术的异军突起，"群体传播"在传播学研究中稍显尴尬的位置似乎正在发生改变。例如，以往在现实中原本只能"偏于一隅"的小范围话题，在网络语境下就有了上升至大众话语空间，甚至是国际话语空间的可能；再比如，社交媒体所引发的蝴蝶效应使得在理论上，任何一个群体都能够在短时间内迅速占据大众注意力资源，引发全民围观，成为新闻议程的"主动"设置者。这些变化一方面有利于以往被排斥在主流话语权之外的边缘群体发出自己的声音；另一方面也要警惕由于网民素质分布不均，在网络上存在用情感裹挟理性，发泄私愤的现象。

从已有的研究来看，传播学中以"群体"为分析单元展开的研究主要分为这样两个方面：一是将"群体传播"与互联网语境结合，进行理论层面的重新建构；二是以网络民意、网络群体性事件为主体开展舆情研究。从研究成果来看，后者属于"群体"概念得到较多发展的领域。下面就对这一概念所涉及的相关内容进行简要梳理。

在非互联网语境下的群体传播研究中，"群体"多指"非制度化、非中心化、缺乏管理的"主体。在一个传播过程中，群体传播由于具有自发性、平等性、交互性、信源不确定性等特征，很容易引发集合行为等。① 与之相比，在与网络舆情相关的群体研究中，"群体"更多的是与"网民"这个概念结合起来使用，大致分为以下三种视角。一是将"群体"置于社会结构的大背景下，侧重分析网民中处于社会弱势地位的群体。在现实中，弱势群体话语权的边缘是群体事件在网络上以极端方式爆发的诱因。② 二是将网络中的"群体"视为一个心理群体，在网络出现之前，它主要依附于一定地域和社会群体。③ 网络出现之后，心理群体就有了相对独立的存在形式。例如，在分析网络群体事件时，有研究者指出"抗争是网络群体事件的精神内核"。三是对网络群体所具有的非理性特征进行了观察和分析，认为孤立的人似乎是理智的，但是群体会让个人的理性"从群体的从众行为中被淡忘"，群体行为会让个人卷入"集体的无意识中"。④ 从理智与情

① 杜骏飞. 网络群体事件的类型辨析［J］. 国际新闻界，2009（7）：77.
② 喻国明. 网络群体性事件：起因、缘由和解决之道［J］. 中关村，2010（5）：91.
③ 杜骏飞. 网络群体事件的类型辨析［J］. 国际新闻界，2009（7）：76.
④ 陈力丹，吴薇. 网络语境下的情感与理智——以网上抵制"家乐福"事件为例［J］. 信息网络安全，2008（6）：22.

感的思维方式来看，群体更偏向于感性思维，"网络中的群体是冲动、易变而急躁的"；"群体善于用形象来思维，任何事情都会根据联想，让事实本身面目全非"。①

从大的框架来看，研究者对网络群体所进行的分析多从社会结构和社会心理两个维度入手，并较多地运用到了勒庞在《乌合之众》中谈到的群体特征，即群体具有容易受到"情绪感染"和暗示的特质。结合罗伯特·墨顿为《乌合之众》写的书评可以看出，勒庞所说的"群体"是一个宽泛的概念，既指暂时聚集在一起的人，更是指一些持久存在的团体和社会阶层。其中，勒庞格外偏好那些"形成政治暴民的短命人群"。② 除此之外，在勒庞所强调的"情绪感染"和"易受暗示"的基础上，研究者又引入了桑坦斯在《网络共和国》一书中提出的群体极化现象。"极化现象"简单地说就是群体在语言、行为和情感上体现出来的极端化的表现形式。

本章即将论述的群体视角也主要以群体性事件为主体，包含冲突和团结的两种情感视角，既有对已有概念内涵的继承，也有基于实践新发展的探索。例如，本书所探讨的"群体"既包括真实社会中的群体，也包括网络上的群体。其中，真实社会中的群体泛指"一些持久存在的团体和社会阶层"；网络上的群体继续

---

① 陈力丹，吴薇. 网络语境下的情感与理智——以网上抵制"家乐福"事件为例 [J]. 信息网络安全，2008（6）：22.

② ［法］古斯塔夫·勒庞. 乌合之众 [M]. 冯克利，译. 北京：中央编译出版社，2005：7.

沿用传播学已有的研究成果，将他们视为"弱势群体"，是"暂时聚集在一起的人"，"网络群体是一种心理群体"，网络群体更容易被情感所主导等。

这样做的意义有两点。一是有助于全面把握网络弱势群体的情感来源、发展和变化。网络群体事件只是现实群体事件的一个媒体维度，如果仅仅从网络上观察群体情感的变化，容易因为缺乏现实的结构性因素的支撑，而让人有断章取义，浮于浅表之感。结合线上线下两个维度，对群体冲突中的情感流变进行分析，有助于从全息的视角对网络弱势群体的情感来源、发展、变化有所把握。二是充分利用了矛盾对立统一的特性。情感与情绪不同，情感是长期的，而情绪是短暂的，情绪孕育于情感之中。从进化论的角度来讲，人类社会形成的目的在于协同合作，团结是长期的、中心的趋势，而冲突是短时间的、边缘的暴发，冲突孕育于团结之中。换言之，若想从情感的视角较为深刻地理解冲突，就需要借助团结的视角。

既然采取线上和线下相结合的视角，那么作为研究对象，对"群体性事件""群体事件"的分析工具就并非仅仅来自传播学内部，还会来自法学和政治学等领域。传媒因为讲究时效性，追求眼球经济，对个别词语拿来就用，既有值得反思的地方，也有不得已为之的无奈。学术研究需要一种严谨的态度，传播学研究也不例外。因此，在进一步开始论述之前，有必要溯本清源。下面就将"群体性事件"回归到其法学研究的语境中做一个大致的概述，为后续的研究厘清理解上的障碍。

### 6.1.2 多学科视角下的"群体"和"群体性事件"

在中国，较早关注到"群体"和"群体性事件"的是政治学、社会学和法学。事实上，"群体性事件"可以说每天都在发生，对于规模不大、没有影响社会正常秩序的"群体性事件"，大多数研究者都报以宽容的态度，认为这样的群体事件可以作为社会的安全阀起到释放社会结构性压力的作用。有研究者将其比喻成平常的就像"人生理机能上的新陈代谢一样""是人类社会进步过程中制度创新的一种'副产品'"。① 本书在分析正义感的时候曾经谈到，在中国人心目中，关于正义有两种标准，一种是受西方正义观的影响，侧重点在财产权上；另一种是受儒家传统义利观的影响，侧重点在道德判断上。从目前引起媒体广泛关注，引起网络热烈讨论的群体性事件来看，关注点主要集中在前者。换言之，其关注点主要涉及群体所声讨的行为是否合法。而这部分主要属于法学研究的范畴。

#### 6.1.2.1 群体性事件的前生今世——法学视角

传媒开始用"群体性事件"来报道一些引起社会广泛关注的

---

① 陈晋胜，张涛. 群体性事件性质、原因的辩证分析［J］. 中共山西省委党校学报，2003，26（3）：40.

群体冲突性事件始于 2005 年 7 月。当时，时任中组部副部长李景田在国务院新闻办组织的新闻发布会上回答记者提问时指出"最近中国农村发生的这些事件，我们把它叫作'群体性事件'"。至此，各类传媒开始称此类事件为"群体性事件"。关于究竟什么是法学意义上的群体性事件，目前相关的研究并不多①，其中既能体现群体事件的法律属性，又能兼顾其在传媒中固有定义的是以下这一种："群体事件，是指某些利益要求相同、相近的群体或者个别团体、个别组织，在其利益受到损害或者不能得到满足时，经过酝酿，采取不当方式寻求解决问题，并产生一定社会危害的非法集体活动"。② 这个定义除去对方式是否正当、活动是否非法的判断之外，也较能反映网络群体性事件的一般特点。

在《现代汉语词典》（第 6 版）中，关于"群体"的解释是：泛指本质上有共同点的个体组成的整体。在法学研究中，通常将毛泽东在《关于正确处理人民内部矛盾的问题》中所提到的"群众闹事""少数人闹事"作为群体性事件的前身。其强调的重点在于指出群体性事件中的非政治性。20 世纪 80 年代初期—20 世纪 80 年代中后期，由于群体事件引发了对社会治安的危害需要公安机关出面处理，为了强调此类事件对社会治安秩序的侵犯，群体性事件在当时又被定义为"治安事件""群体性治安事件"，这一定义主要突出了其违法性。到了 20 世纪 80 年代末—20 世纪 90

---

① 王战军. 群体性事件的界定及其多维分析［J］. 政法学刊，2006，23（5）：9.
② 尹耀新. 群体性事件处置对策探讨［N］. 丽水日报，2005（9）：10.

年代中期，由于此类事件发生的频率加快，而且具有发生起来突然、处置起来紧急的特性，因此在原有"治安事件"的基础上，又增加了"治安突发事件""治安紧急事件""突发性治安事件"等称谓。20世纪90年代后期至今，由于群体性事件出现了规模上扩大、参与主体多元等特点，又被改称为"群体事件""群体性治安事件""群体性事件"。在这一过程中，2000年4月，公安部颁布的《公安机关处置群体性治安事件规定》中，将"非法集会、游行、示威等十种治安问题和事件界定为'群体性治安事件'"。①

### 6.1.2.2 群体性事件的社会学视角

社会学中"集体行为""集合行为""集群行为"是几个与中国语境下的"群体性事件"相关的概念。1921年，美国社会学家R.E.帕克（1864—1944）在其所著的《社会学导论》中首次使用"集体行为"这一概念。他认为集体行为是"在集体共同的推动和影响下发生的个人行为，是一种情绪冲动"。需要指出的是，帕克的这一提法与传播学偏好从社会心理的角度对群体性事件进行解读的分析框架不谋而合。帕克曾有过长达10年的调查记者经历。此外，在这位社会学家迟来的学术生涯中，集体行为与

---

① 刘超. 群体性事件研究［D］. 中国政法大学博士学位论文，2009.

大众传播位列其所开创的 4 个具有重要意义的学术研究之中。①

　　"集体行为"在后来的发展中，演变出了两个具有某种继承性的概念，它们分别是"集合行为"和"集群行为"。从概念的内涵来看，研究者部分地继承了帕克所提出的"集体行动"中有关"情绪冲动"的说法，并在此基础上更强调群体表现出的"自发性""无组织性"和"不可预测性"。例如，戴维·波普诺认为集群行为是指"那些在相对自发的、无组织和不稳定的情况下，因为某种普遍的影响和鼓舞而发生的行为"，② 等等，新加入的描述如"组织""不可预测"等可以看成是在"集体行为"的基础上，对社会学传统的继承和回归。由于社会学本身就是传播学研究经常借鉴的母学科之一，因此上述几个概念也散见于传播学的相关研究之中。但有两点值得关注：1. 从这三个词原有的英文表达来看，集体行为和集合行为都写作英文的 collective behavior，实际上是同一个英文词的两种译法。集群行为中的"集群"被单独写成"crowd"，按照社会学的定义，集群主要是指共同的关注点，也指在物理空间上接近的一组人群。③ 戴维·波普诺认为集合与集群是包含和被包含的关系。"在集合行为的所有形式中，集群是最普遍和最容易为人们所意识到的一种形式"。④ 2. 西方

---

① E. M. 罗杰斯. 传播学史——一种传记式的方法［M］. 殷晓蓉，译. 上海：上海译文出版社，2007：150.
② 王战军. 群体性事件的界定及其多维分析［J］. 政法学刊，2006：35.
③ 刘超. 群体性事件研究［D］. 中国政法大学博士学位论文，2009.
④ 刘超. 群体性事件研究［D］. 中国政法大学博士学位论文，2009.

社会学中的集体行为多用于解决种族歧视问题。上面所提到的几组社会学概念大多来自汉译的西方社会学著作。而这里的西方主要是指美国。美国是一个移民国家，种族歧视是美国社会的一个突出问题。"集体行动"的概念就脱胎于对种族问题的关注。此外，最初对群体行为产生兴趣的研究者也多有种族歧视的直接或相关经历。例如提出群体动力学的勒温。勒温是一名犹太人，他出生的莫吉尔诺是当时反犹主义最为强烈的地区之一。勒温在孩提时代就对种族歧视带来的负面影响有着深刻的知觉体验。E. M. 罗杰斯对此评价道："在勒温的生涯中，这一偏见对他的学术兴趣产生了某种影响。"[①]而提出"集体行动"的帕克虽然是个地道的美国人，但他从小就对美国的移民问题很感兴趣，并且这一兴趣持续到他成为一名社会学家之后。休斯在评价帕克时说："他比美国的任何社会学家都更了解黑人与美国白人的关系。"集体行为在美国语境下的特殊指向性，是以往研究有所忽视的。

在梳理过法学和社会学对"群体事件"的相关界定之后，不难发现上述观点在传播学中都有所体现。多学科达成共识的地方在于强调群体事件的集体性。在分析集体形成的原因时都聚焦到了"共同点的关注"上。社会学和法学的不同在于，法学研究强调动机是非政治性的和是否妨碍治安秩序。传播学在解读网络群体事件时，有些视角是与法学视角交叉的，如涉及个人隐私问题

---

① E. M. 罗杰斯. 传播学史——一种传记式的方法［M］. 殷晓蓉，译. 上海：上海译文出版社，2007：280.

的人肉搜索，触及法律底线的网络流言，不遵守宪法与法律的网络集会等。与法学相比，社会学的研究视角则相对超脱。无论是从社会心理还是从社会结构的角度来看，社会学对群体事件的定义与传播学研究中对群体事件的定义多有重合之处。值得一提的是，这里的重合主要出现在社会学研究采取了广义上的群体事件定义，而不是有所特指的。

本书接下来从情感的角度对群体事件进行分析，保留这样几种观点：1. 法学维度。暂时不用考虑法学意义上是否非法，但是保留它在描述"群体事件"时所谈到的群体概念，即认为群体是具有相同或相近利益诉求的群体或者个别团体、个别组织；保留法学对群体事件发生的原因分析，即群体事件发生的动机在于其利益受到损害或者不能得到满足；强调群体事件的非政治性。2. 传播学维度。保留传播学对网络群体事件中的网民大多数是弱势群体的判断；保留传播学从社会心理和社会结构两个维度对网络群体事件进行分析的传统。从情感的角度对群体事件进行的延伸角度有：1. 引用人类学文化研究的相关理论。2. 引入情感社会学中适用于解释群体事件的相关理论。3. 引入法学在解决实际群体事件中的经验分析。

## 6.2 群体冲突中的情感逻辑

在认识和解决群体事件时，研究者倾向于就事论事。具体地说，就是运用社会学、政治学、法学等相关理论对冲突中人们的动机如利益诉求，冲突所发生的社会背景，所反映的制度、结构性问题等做出理性的分析。这样做的好处是凭借精确性、确定性等优势，理性的思维可以帮助人们对紧急事态即时做出反应，准确抓住事物的核心，为事件的最终解决提供科学的可靠支撑。作为人类思维形式的高级阶段，上述这些正是理性思维值得称道的地方。

然而必须指出的是，在解决实际中的问题时，仅仅做到这一点是不够的，因为这种方式忽视了隐藏在动机背后的情感。依照情感自身的逻辑，即便理性层面所崇尚的法制健全、结构优化等设想在现实中全部予以呈现，但是这个社会中占据绝大多数人口的人群并没有办法用自己已有的情感与这些新生的事物产生关联（这种关联方式既包括用已有情感对新生事物进行情感赋值，也包括进化出新的情感），那么冲突也并不会结束，反而可能会表现得更加激烈。做出这个判断的理由是社会资源的每一次重新分配都有可能打破固有的利益格局，出现社会力量的重新分配。在前一个阶段的矛盾没有妥善处理好的情况下，由于分化所带来的权力—地位格局的新变化，会使得一部分曾经的强势群体加入弱势群体的队伍当中，这时的情感用一句形象的话来说，就是"新仇旧恨"的爆发。社会的不公从理性的分析来看是个结构制度问题，同时它也伤害了人人都有的骄傲的情感，以及人人都想证明自己的需求。

从情感的角度来看，冲突如同情绪，它看似突如其来，但实际上是长期压抑情感或者是负面情感不断积累的结果。因此若想更全面地理解冲突中的情感，需要从情感的长期状态中寻求依据。

### 6.2.1　集体中主导的情感模式

从集体的视角去分析情感，暗含了这样一条逻辑：个人的情感不能按照自发的状态去呈现，而是要依循集体中的角色地位来完成某种合规则的表演。本书在前面的文献综述部分也简要介绍过类似的观点。例如，霍克希尔德在戈夫曼戏剧理论的基础上，用人类学的方法研究了空姐在工作时的情感表现后，发现受情感文化和理念的影响，角色在互动过程中遵从"感知规则"（feeling rules）和"展示规则"（display rules）。这里的感知规则并不是自发意义上的感知，而是形成于特定社会文化、习俗下的感知。例如文化规约了不同的情感应该怎样表现。本尼迪克特在《文化模式》这本书中也曾提到，每一个社会中都存在一种内在的"性情模式"，社会中文化传统会对个人的性情进行选择，从而形成群体的"性情模式"。

#### 6.2.1.1　时间偏向的集体和效率偏向的集体

集体之所以形成，在很大程度上是为了协同合作完成某个共同的目标。为了便于分析，根据计划和市场两种主要的经济形式，制度内和制度外两种主要的社会评价系统以及个人与集体结合时间的长短，这里将集体暂时分为偏时间的集体和偏效率的集体。偏时间的集体在经济上以计划为主导，在社会评价体系中属于制度内，个人与集体之间存在长期结合的可能性很高，最大的系统特性表现为稳定。在中国，政治组织和国有企业都属于此类集体的典型代表。对于个人成长来说，在偏时间的组织里个人地位的提升更多依靠的是资历、在组织内的时间长短等。从文化的角度来看，偏时间的组织受到中国传统文化、习俗的影响最深，与其说偏时间的组织更符合中国重视积累的农业文化传统，不如说它本身就是这种传统的产物。偏效率的集体主要是指制度外的集体，它们遵循市场原则，在经济上需要自负盈亏。这种集体的优点在于重视个人的能力，使个人地位的提升从时间的束缚中摆脱出来。而其缺点在于个人与集体的关系不够稳定，这种关联随时有被切断的可能。

### 6.2.1.2　文化视角下的集体情感——集体对情感的选择

根据霍克希尔德和本尼迪克特的理论，无论是偏时间的还是偏效率的集体，都会在各自的系统内部生成一种适宜系统发展的，符合系统内大部分人习惯和常识的情感模型。例如，较为排斥个性化表现的时间偏向的集体中，由于追求稳定是系统最大的目标之一，对于有可能破坏系统稳定性的、戏剧化的、个性化的情感表达方式并不会受到集体的欢迎。情感在此类集体内部的分布呈现的是金字塔的结构，即越接近底层个人情感相对越丰富，越接近高层越理性。本书在第五章曾谈到情感资源随年龄递增而呈现递减的规律。偏时间的组织对于情感相对丰富的年轻人来说是一种考验。根据情感自身的规律，在气质上越能与这种主导的情感模式相适应的年轻人，越容易找到归属和认同。偏效率的组织是系统相对开放的组织。在市场经济自由竞争的选择机制下，它倾向于形成自由、平等、博爱的人际关系，个人情感并不完全地排斥在集体情感之外，这类集体需要积极的个人，并将丰富的情感资源转化到效率的提高上来。在中国外企是此类集体的典型代表。上述两种分类并不能代表所有的集体形式，例如还有大量介于两者之间的集体，在偏时间和偏效率的集体内部也存在着在整体上情感以等级为主导，但在集体内部的小圈子情感以转化为主导。

在谈到外界环境对人的选择时，人们第一个回想到的是自然对人的选择。自然环境对人的选择往往是直观的也是残酷的，讲究适者生存。本尼迪克特和霍克希尔德的研究使人意识到对于并不直观的情感层面，文化也在对情感做着选择，不同的人依据不同的目标形成集体，集体形成后会进而生成一种主导的情感模式，这种情感模式会对个人情感进行选择，选择的过程会辅以不同形式的奖惩措施或集体仪式等用以强化这种占据主导地位的情感模式。

以往的研究并不看重这一点，研究者大多将所谓的情感模式划归到集体文化的范畴来讨论。这是因为一个集体中占据主导地位的情感模式往往不容易察觉，而且也并不特别影响集体目标的实现。但从整个社会来看，这种没有被集体所消化的情感并不会消失，而是会从集体内部转移到集体外，也就是社会中来。帕累托曾经说过，一切人都倾向于建立团体，特别是基层团体之外的，他们能直接融合其中的自愿团体。[①] 上述所提到的集体大多是在工作场域中形成的，事实上一些没有被这种集体所消化的情感还存在二次分化的可能。这种分化就是通过帕累托所说的自愿的团体。帕累托在对自愿团体举例时采用了体育协会。这种是指向个人兴趣的。实际上个人没能在工作中消化的情感还可以通过圈子的方式进行二次分化。这种圈子包括由兴趣缘所组成的圈子，也包括情感含量更高的友情或家庭等。对于大多数人而言，累积的负面情感只有在既无法在工作群体中被消化，也无法在情感群体中被消化时才会有所危害，而当这种情感累积到一定程度，就会选择一个直接或间接的途径进行爆发，成为群体事件潜在的情感基础。

**6.2.1.3** 社会视角下的集体情感：情感资源分布遵循地位—权力原则

当把情感放置到社会结构的大背景中去观察，就会发现情感资源分布得并不均衡。具体来说，情感在社会结构中遵循权力—

---

① ［法］雷蒙·阿隆. 社会学主要思潮 ［M］. 葛志强，胡秉诚，王沪宁，译. 上海：上海译文出版社，2013：410.

地位的等级分布原则。本书在第五章曾运用亚里士多德的观点从心理的层面论述过情感资源的有限性。将年轻人、中年人和老年人视为情感资源的拥有者，并认为社会经验（理性层面）在年轻人、中年人和老年人身上呈递增趋势的同时，情感资源表现出递减的规律。（见第五章第一节）这是个人的视角，当转换到社会视角中来就会发现，中年人和老年人往往处于社会经验和社会地位的高点，在社会资源和话语权方面拥有较多优势，社会的情感资源在遵循权力—地位原则时，会向着这部分人倾斜。

在《现代汉语词典》中，"权力"有两种解释：1. 政治上的强制力量；2. 职责范围内的支配力量。关于"地位"也有两种解释：1. 人、团体或国家在社会关系或国际关系中所处的位置；2.（人或物）所占的地方。从上述的释义中可以看出，"权力"遵循上对下的线性逻辑，并且这种关系是不可逆的，在这一点上与时间的特性类似。而"地位"遵循空间逻辑，所适用的范围更大，可以解释政治、经济、文化等多个方面。在情感社会学中，提出权力—地位模型的柯林斯认为，从情感能量的角度来说，发布命令的人因为能不断地体验到一种支配的快感而具有较高的情感能量，而命令的服从者却可能产生敌视和服从两种不同的情感状态。柯林斯的分析并不是十分适用于中国语境。因为在中国的文化传统中有着尊重权威的传统。杨中芳就曾说过，中国价值体系中的"自己"与西方价值体系中的"自己"有所不同，具体表现为，西方人的自己是以表达、表现及实现"个己"为主，而中国人的

"自己"是以实践、克制及超越转化的途径，来使"自己"与"社会"结合。因此大多数中国人在面对权力群体时产生的是尊重而不是敌视。决定这种情感发生转向的原因主要在于，权力是否满足了人们对它的期望。社会学中大量关于期望的研究表明，当人们的预期被满足时，常常会体验到一种正向的情感。换言之，当权力满足了人们对它的期望时，人们不但不会反对它，甚至还会强化权力本身的凝聚力；而当它没有满足人们的预期时，就容易引发人们负面的体验。在中国，引发媒体广泛关注的群体性事件所反映出来的恰恰是这种预期长期没有得到满足的结果。此外，随着人们法律意识的不断增强，人们对权力是服从还是敌视，还来自对权力合法性和权力在运用过程中的正当性的认可。之所以用合法性和正当性来规约权力，部分是因为权力不但属于社会中的稀缺资源，而且其影响力巨大，甚至可以延伸至个人的日常生活之中。

与权力相比，地位的范围相对广泛，变动也相对灵活，一般而言，新崛起的阶层很容易因为打破了人们认知上的平衡而引发常态情感的波动。无论是人、团体还是国家，地位上的调整都会导致情感的重新分配。需要指出的是，大多数人在对陌生和不熟悉的事情进行判断时，会优先调动负面情感并采取防御的策略。从进化论的角度来看，这是因为人类曾在相当长的一段时间内，正是得益于负面情感所提供的警觉，才得以保护自身的安全，维持生命的延续。一个人、群体或国家在地位发生变化时，在其他人、其他群体或其他国家眼中就是一个相对新的事物，外界会用放大镜来观察地位变化所带来的改变，当然并不是所有的改变，而是改变中涉及人自身安全、利益的部分。地位的变化既与权力的赋予、社会资源的配置有关，也与人们内心的认同有关。在人们认同这种变化时，就会对新群体予以情感支持，而在不认同时予以情感惩罚。在众多决定认同的因素中，新崛起的阶层在获取地位时的手段是否符合正义和道德的标准，以及地位获取后在社会中扮演的角色是什么将主要决定认同的走向。

## 6.2.2　网络群体事件——从线下到线上的情感

### 6.2.2.1　群体事件的区分

总体来说，群体事件可以分为线下和线上两种。其中前面所提到的法学和社会学更关注线下，而传播学更关注线上。两者最大的不同体现在，线下视角是直接参与的行动视角，线上视角目前还主要是观点的参与和意见的表达。现实中的群体事件可分为维权抗争、社会纠纷、有组织犯罪和社会泄愤事件四大类。在这四个分类当中，维权抗争和社会泄愤在网络上通常是杂糅在一起出现的。从本质上看，两者最大的区别在于是否是直接利益的攸关者。根据上述对这两类群体事件的分类，本书认为由于维权主要维护的是经济利益，群体参与旨在推动相关事情的妥善解决，因此从"理性人"的角度来看，适度的情感如"被剥夺感""愤怒""不平"等有助于增加这样一个临时群体的凝聚力，但过度就是被排斥的，因为它不利于事情的解决。此外，网络、媒体在此类事件中所起到的作用主要是扩大影响，吸引更多人的关注也是为使事件得到更妥善的解决。从总体上看，维权类的群体事件遵循工具理性的行动逻辑。

在此基础上，线上、线下的社会泄愤类群体事件看似属于对某一个维权类群体事件的"借题发挥"，但从"社会人"的角度来看，只要此类事件没有超越"政治性""合法性""自发性"，其动机主要在于发泄自身的不满情绪，在社会结构、治理上的确存在一定问题的前提下，此类群体事件存在具有一定的合理性。因为其不仅反映出了社会信任危机、公平危机之外，也反映出了社会在由传统的农业文明向现代化转型的过程中，个人从家庭"束缚"中解放出来之后，在个人现代化实现之前社会不得不承担的，个人所必须经历的情感上的迷茫和阵痛。在这里，个人现代化的过程主要是指个人由自在自发的存在方式向自由自觉的存在方式跃升的过程。从社会功能的角度来看，此类事件起到了社会安全阀的作用。

### 6.2.2.2　从线下情感到线上的"动力学原理"

前面根据群体具有"去个性化"的特性，从群体内部的视角，分析了情感在受到集体文化和社会结构的规约时所遵循的规律。这两种规律分别表现为：1. 集体文化通过在其中占主导地位的情感形式对个人的情感进行选择，当这两者较为匹配时，个人就会在集体情感的层面获得认同，进而找寻到归属感，个人情感在集体内部得到了消化；当两者不相匹配时，由于群体认同和归属的缺失，个人情感会呈现出不稳定或负面情感积累的状态。当个人情感无法被集体内占主导的情感形式消化时，所产生的负面情感还可以通过集体内部的代偿机制、娱乐、社交等各种形式进行二次分化。如果这种重新获得情感支持的渠道被阻塞，不能形成对负面情感的修正，那么所积累的负面情感就会成为个人在进行"情感宣泄"时的一个基础。2. 从社会结构的角度来看，情感资源遵循权力—地位的分配原则。换言之，权力、地位的拥有者因为拥有大多数人的注意而位于社会情感链条的高端，这一方面意味着这两类群体天然具有情感资源优势，这种优势具体表现为获得人们的尊重和顺从；另一方面，人们在付出这种情感的同时，对情感回报的期望也会相应提高，当这种回报与人们的期望相去甚远时就会导致对这种依恋关系的怀疑，最直接的一种体现就是信任危机。由于拥有权力、地位者在社会中所起到的重要作用，这种危机甚至会导致社会系统自身功能的紊乱。此外，人们对权力与地位的拥有者所施与的期望既有相同的地方也有不同的地方。不同主要体现在，对于权力来说，权力运作是否合法和正当是决定人们信任是否持久的一个重要因素。对于地位而言，获取这种地位的手段是否符合正义和道德的标准，以及地位获取后是否担负起了必要的社会责任是决定人们情感走向的要因。无论是社会宣泄还是网络群体事件中所表现出的非理性化趋向，在某种程度上都可以看成是上述情感基础受到破坏和动摇之后的一种表征。

### 6.2.2.3 群体事件中主体特征分析——年轻人

在以线上或线下的群体事件为研究对象进行研究的研究者中，不乏有对群体事件的主体做出一定归类的。例如研究城市群体事件的研究者认为，参与城市群体事件的主体主要有城市下岗职工、进城务工人员、高校师生员工和利益受损的企业员工。研究农村群体事件的研究者认为，参与农村群体事件的主体主要有农村知识分子、退伍军人、打工返乡的年轻人、少数村干部。还有研究者认为网络群体事件的参与者主要有青年人、复转军人、出租车司机、股民、教师、市民和学生。（具体见表6-1）

从表6-1中可以看出，青年人可以说是各类群体事件主体构成中的基本要素。有研究者系统地总结出了网民所呈现出来的九大心理特征：1. 渴望新知；2. 猎奇探究；3. 彰显个性；4. 娱乐时尚；5. 减压宣泄；6. 跟风从众；7. 追求平等；8. 渴望创新；9. 自我实现。[1] 本书认为在网络群体事件中作为观点参与者的青年群体（21～29岁）具有这样几个特征：1. 焦虑；2. 挫折感；3. 同情心；4. 正义感；5. 认同缺失；6. 孤独。

--------

① 李彪. 网络热点事件传播的空间结构和时间结构［M］. 北京：人民日报出版社，2011：61.

表 6-1 三类群体事件的参与主体

| 城市群体事件主体 | 农村群体事件主体 | 网络群体事件主体 |
| --- | --- | --- |
| • 城市下岗工人<br>• 进城务工人员<br>• 高校师生员工<br>• 利益受损的企业员工等 | • 农村知识精英<br>• 退伍军人<br>• 打工返乡的年轻人<br>• 少数村干部 | • 青年人<br>• 复转军人<br>• 出租车司机<br>• 股民<br>• 教师<br>• 市民<br>• 学生 |

正如前面所提到的，情感资源在社会中的分配遵循权力—地位的原则，从上述对权力和地位的分析来看，这两类资源的获取通常需要辅以大量时间和精力的投入，大多数年轻人都尚处于累积期，如果不能从理性上认识到个人效能感的实现离不开刻苦、努力，只是单纯地放大权力—地位所带来的对社会资源的调动能力、对社会舆论的影响能力，就容易走向偏激，增加自己在融入社会过程中的无力感。这是从一般层面来说的。另一方面，社会本身的确也存在着大量不公平的现象，例如个人的能力与个人效能感的实现并不存在必然的联系；"官二代""富二代"凭借先赋性关系所带来的优越地位，在获取地位和权力上所占据的先机，等等。个人能力的形成与有力的先赋性关系并不属于年轻人的优势，前者需要与时间和实践结合，后者更不属于个人可决定的范畴，当社会无法在这种矛盾之间提供一个相对公平的缓冲地带时，年轻人心中对于不公平处境的愤怒，对于自己未来发展的焦虑和无力都会在不同程度上加深。

个人步入社会之后，都需要经历一个与集体、社会相磨合的阶段。而这种磨合不仅体现为工作对个人能力的选择，还取决于集体文化对个人性格的选择。在这个过程中通常需要面对两个主要的困境：1. 年轻人较为强烈的个人主义倾向如何与重稳定性的集体文化相融合；2. 个人发展的确定性如何与重竞争效率的集体文化融合。集体文化对个人情感表达和情感行为的选择，在一定程度上决定了个体与集体的融入程度，融合顺利与否通过自我效能感的实现这一主要原则与个人对自己的评价相关联。认同的缺失、集体的孤立都会引发年轻群体的挫败感。美国心理学家罗洛·梅说过，"既然我们无法长期处于在免于权威的自由带来的孤立中，便从内在发展出新的权威取而代之，这就是弗洛姆所谓的'匿名权威'，如公共意见和常识"。①

### 6.2.2.4　群体事件中的情感逻辑

在群体事件的研究中，线上、线下群体事件的研究者都注意到了信息在事件发展过程中的核心推动作用。这里的信息主要是指流言、谣言和传言。在事关群体事件的相关言论中，一条较为明显的规律是网民注意力的变化。而注意力变化主要遵循"开始聚焦—分化—选择性聚焦—群体聚焦点形成"的显性规律。此外，有研究者通过对以往案例的梳理发现，在容易引发群体注意的事件当中，暴力、权贵、女性是三个经常提及的内容要素。一

---

① ［美］罗洛·梅. 焦虑的意义［M］. 朱侃如，译. 桂林：广西师范大学出版社，2010：165.

方面此类议题可以作用于最广大的人类情感基础——同情和愤怒；另一方面此类议题与人们的日常经验较为相近，容易激发联想。对于后一点，在线上和线下的群体事件的对比中体现得尤为明显。在线下的群体事件中，农民、工人是主体，关注的焦点主要是土地转让、劳资纠纷等经济问题。但在线上，农民和工人这两类人群很少出现，即便出现人们的联想也大多是顺着"是否有暴力行为发生、是否与当地的权贵关系相关"的固有框架展开的。

　　具体来说，由于网络具有即时互动的特性，因此对事件发生具有推动力的"主流"意见通常是在从无序到有序的过程中形成的。李普曼曾将民众成见的形成过程总结为删减过程、和世界联系的过程以及价值赋予的过程。① 这一过程移植到网上则表现为化繁为简、信息再加工和情感赋值三个阶段。其中化繁为简主要是将大量的细节信息进行压缩，形成易于理解和把握的观点。由于网络群体事件的参与者大多与事件具有非直接相关的关系，因此对事件的描述越能与日常生活中的体验相关，越能引发网络群体的联想。在网络语境下，化繁为简通常是一个将事件局部信息放大的过程，对事件中超出人们理解或有所"暗示"的地方进行丰富和细化。此外，在选取之后的信息加工中，还需注入能代表大多数人现实情感的因素，增加事件与旁观者的心理距离。由于网络群体事件的主体多数是与事件主体有非直接关系的旁观者，因此对事件价值的赋值主要是在评价和归因两个向度上展开。

---

① 李永健. 大众传播心理通论［M］. 北京：中国传媒大学出版社，2008：35.

情感社会学的研究表明，归因有三种类型：自我、他人和外部。其中对自我和外部的归因通常会带来消极的情感，对他人的归因则会带来攻击的情感。由于网民大多是社会中的弱势群体，所以在情感上会对事件中弱势群体的一方有所倾斜。从这个角度来看，对弱势群体的对立方进行归因或者将归因转向外部如制度、社会等，较容易引发网络群体的情感共鸣。从网民关注到网上群体事件发生，占主流的群体意见的形成往往起着关键节点的作用。在这一过程中，与群体观点不相符的立场观点开始出现沉淀，形成了传播学所说的"沉默的螺旋"；与群体意见相符的情感立场受到追捧，形成情绪的高气压带。此外，通过议题聚合的情感实际上就是通过共同关注的焦点和共享的情绪，产生一种高度的情感协调，进而产生出一种团结感。从某种程度上来说，对于在现实中处于弱势和孤独的群体而言，这种团结可以说是一种情感上的高峰体验。通过群体事件的参与，个体常常能够发泄现实中的无力和愤怒。通过情绪的模仿和从众感受到一种被认同、被认可的幻觉。

## 6.3　小结

群体视角下的情感研究主要是以群体事件为主题，从事实和情感两个维度展开分析。从事实层面出发分析群体事件，本书首先比较了"群体事件"在传播学、社会学、法学概念运用上的异同，并在基础上界定了本书群体事件的概念。需要说明的是，以往的传播学研究多聚焦网上群体事件，本书在这里加入了线下群体事件的研究作为参照。从情感维度分析群体事件时，本书采取了团结和冲突两个相互独立又相互结合的视角。从情感的角度来看，冲突如同情绪，它看似突如其来，实际上却是长期压抑情感或者是负面情感不断积累的结果。因此，若想更全面地理解冲突中的情感，需要从情感的长期状态中寻求依据。在分析群体团结时，本书根据人类学关于"群体文化会对个人情感进行选择"和情感社会学中关于"社会情感依据权力—地位原则进行分配"的结论，对作为冲突基础的"情感是如何产生的"进行了文化和社会两个维度的分析。在分析群体冲突时，本书重点以群体事件中的主体——年轻人的情感倾向进行了具体分析，并结合网络事件的一般规律，总结出信息与情感是如何相互作用的。

# 参考文献

## 一、中文文献

1. 喻国明. 别无选择：一个传媒学人的理论告白［M］. 上海：复旦大学出版社，2004.

2. 喻国明，丁汉青，支庭荣，陈端. 传媒经济学教程［M］. 北京：中国人民大学出版社，2009.

3. 喻国明，吴文汐，等. 中国人的媒介接触：时间维度与空间界面［M］. 北京：人民日报出版社，2012.

4. 罗伯特·G. 皮卡德. 媒介经济学［M］. 北京：中国人民大学出版社，2005.

5. 陈力丹. 精神交往论——马克思恩格斯的传播观［M］. 北京：中国人民大学出版社，2008.

6. 宋昭勋. 非言语传播学（新版）［M］. 上海：复旦大学出版社，2008.

7. 孟昭兰. 人类情绪［M］. 上海：上海人民出版社，2004.

8. 乔建中. 情绪研究：理论与方法［M］. 南京：南京师范大学出版社，2003.

9. 周晓虹. 现代社会心理学［M］. 上海：上海人民出版社，2006.

10. 彭聃龄. 普通心理学（修订版）［M］. 北京：北京师范大学出版社，2011.

11. 余秋雨. 观众心理学［M］. 武汉：长江文艺出版社，2013.

12. 朱光潜. 文艺心理学［M］. 上海：上海三联出版社，2005.

13. 何友晖，彭泗清，赵志裕. 世道人心——对中国人心理的探索［M］. 北京：北京大学出版社，2007.

14. 黄光国，胡先缙，等. 面子——中国人的权力游戏［M］. 北京：中国人民大学出版社，2004.

15. 高华. 红太阳是怎样升起来的［M］. 香港：中文大学出版社，2012.

16. 辜鸿铭. 中国人的精神［M］. 李晨曦，译. 上海：上海三联出版社，2011.

17. 梁漱溟. 中国文化要义［M］. 上海：上海世纪出版

社，2005.

18. 冯友兰．中国哲学简史［M］．北京：新世界出版社，2004.

19. 梁启超．清代学术概论——儒家哲学［M］．天津：天津古籍出版社，2003.

20. 李泽厚．美的历程［M］．天津：天津社会科学院出版社，2006.

21. 林语堂．吾国与吾民［M］．西安：陕西师大出版社，2003.

22. 李泽厚．中国现代思想史论［M］．天津：天津社会科学院出版社，2004.

23. 吴国盛．科学的历程［M］．北京：北京大学出版社，2012.

24. 尹鸿．媒介图景·中国影像［M］．上海：复旦大学出版社，2004.

25. 王志敏．现代电影美学体系［M］．北京：北京大学出版社，2006.

26. 陆晔，赵民．当代广播电视概论［M］．上海：复旦大学出版社，2013.

27. 陈力丹．解析中国新闻传播学（2013）［M］．北京：人民日报出版社，2013.

28. 郭景萍．中国情感文明变迁60年——社会转型的视角

[M].北京：人民日报出版社，2010.

29.丁峻.情感演化论 [M].北京：科学出版社，2010.

30.蒙培元.情感与理性 [M].北京：中国人民大学出版社，2009.

31.毛泽东选集（第 5 卷）[M].北京：人民出版社，1997.

32.四书五经 [M].北京：中华书局，2009.

33.郭孟春译注.鬼谷子 [M].郑州：中州古籍出版社，2008.

34.蔡雯.新闻编辑学 [M].北京：中国人民大学出版社，2006.

35.盛希贵编著.新闻摄影教程 [M].北京：中国人民大学出版社，2003.

36.匡文波.网络传播理论与技术 [M].北京：中国人民大学出版社，2007.

37.任悦.视觉传播概论 [M].北京：中国人民大学出版社，2008.

38.方汉奇，张之华主编.中国新闻事业简史（第二版）[M].北京：中国人民大学出版社，1995.

39.赵鼎新.社会与政治运动讲义 [M].北京：社会科学文献出版社，2006.

40.颜泽贤.耗散结构与系统演化 [M].福州：福建人民出版社，1987.

41. 杜坤坤，刘欣，王志良，解仑编著. 情感机器人［M］. 北京：机械工业出版社，2012.

42. 李月恩，王震亚，徐楠编著. 感性工程学［M］. 北京：海洋出版社，2009.

43. 胡台丽，许木柱，叶光辉主编. 情感、情绪与文化［M］. 台北：中央研究院民族学研究所，2002.

44. 陈卫星. 传播的观念［M］. 北京：人民出版社，2004.

45. 郑家栋. 断裂中的传统［M］. 北京：中国社会科学出版社，2003.

46. 李彪. 舆情：山雨欲来［M］. 北京：人民日报出版社，2011.

47. 王铭铭. 西学"中国化"的历史困境［M］. 桂林：广西师范大学出版社，2005.

48. 郭建斌. 独乡电视：现代传媒与少数民族乡村日常生活［M］. 山东：山东人民出版社，2005.

49. 胡河宁. 组织传播学：结构与关系的象征性互动［M］. 北京：北京大学出版社，2010.

50. 袁方，王汉生编. 社会研究方法教程［M］. 北京：北京大学出版社，1997.

51. 翟学伟. 人情、面子与权力的再生产［M］. 北京：北京大学出版社，2005.

52. 翟学伟. 中国人行动的逻辑［M］. 北京：社会科学文献

出版社，2001.

## 二、译文书目

53. ［美］埃里希·弗洛姆. 逃避自由［M］. 陈学明，译.
北京：工人出版社，1987.

54. ［英］达尔文. 人的由来［M］. 潘光旦，胡寿文，译.
北京：商务印书馆，2003.

55. ［英］达尔文. 人类和动物的表情［M］. 周邦立，译.
北京：北京大学出版社2012.

56. ［德］威廉·冯特. 人类与动物心理学讲义［M］. 叶浩
生，贾林祥，译. 西安：陕西人民出版社，2003.

57. ［英］休谟. 人性论［M］. 关文运，译. 北京：商务印
书馆，1982.

58. ［英］亚当·斯密. 道德情操论［M］. 蒋自强，钦北
愚，等，译. 北京：商务印书馆，1997.

59. ［美］约翰·罗尔斯. 正义论［M］. 北京：何怀宏，何
包钢，廖申白，译. 中国社会科学出版社，2009.

60. ［意］加罗法洛. 犯罪学［M］. 耿伟，王新，译. 北
京：中国大百科全书出版社，1996.

61. ［美］苏珊·朗格. 感受与形式［M］. 高艳萍，译. 江
苏：江苏人民出版社，2013.

62. ［古希腊］亚里士多德. 修辞术·亚历山大修辞学·论诗 ［M］. 颜一，崔延强，译. 北京：中国人民大学出版社，2003.

63. ［德］康德. 判断力批判 ［M］. 邓晓芒，译. 北京：人民出版社，2011.

64. ［英］沃尔顿. 人性：情绪的历史 ［M］. 王锦等，译. 北京：上海科学普及出版社，2007.

65. ［英］丹尼斯·麦奎尔. 受众分析 ［M］. 刘燕南等，译. 北京：中国人民大学出版社，2006.

66. ［美］尼尔·波兹曼. 技术垄断 ［M］. 何道宽，译. 北京：北京大学出版社，2007.

67. ［苏］K·C. 斯坦尼斯拉夫斯基. 演员自我修养 ［M］. 杨衍春，石文，何丽娟，译. 广西：广西师范大学出版社，2013.

68. ［美］兰德尔·柯林斯. 互动仪式链 ［M］. 林聚任，王鹏，宋丽君，译. 北京：商务印书馆，2009.

69. ［美］威尔伯·施拉姆，威廉·波特. 传播学概论 ［M］. 陈亮，周立方，李启，译. 北京：新华出版社，1984.

70. ［美］乔纳森H. 特纳. 人类情感：社会学的理论 ［M］. 孙俊才，文军，译. 北京：东方出版社，2009.

71. ［意］克罗齐美学原理 ［M］. 朱光潜，译. 北京：商务印书馆，2012.

72. ［法］古斯塔夫·勒庞. 乌合之众 ［M］. 冯克利，译.

北京：中央编译出版社，2005.

73. ［英］丹尼斯·麦奎尔，斯文·文德尔. 大众传播模式论［M］. 祝建华，译. 上海：上海译文出版社，2008.

74. ［美］E.M. 罗杰斯. 传播学史——一种传记式的方法［M］. 殷晓蓉，译. 上海：上海译文出版社，2001.

75. ［加］哈罗德·伊尼斯. 传播的偏向［M］. 何道宽，译. 北京：中国人民大学出版社，2003.

76. ［加］马歇尔·麦克卢汉. 理解媒介——论人的延伸［M］. 何道宽，译. 北京：商务印书馆，2000.

77. ［美］约翰·费斯克等编撰，关键概念：传播与文化研究辞典［M］. 李彬，译. 北京：新华出版社，2004.

78. ［美］欧文·戈夫曼. 日常生活中的自我呈现［M］. 冯钢，译. 北京：北京大学出版社，2013.

79. ［法］罗兰·巴特. 流行体系：符号学与服饰符码［M］. 敖军，译. 上海：上海人民出版社，2006.

80. ［法］雷蒙·阿隆. 社会学主要思潮［M］. 葛智强，胡秉成，王沪宁，译. 上海：上海译文出版社，2013.

81. ［美］Aniruddh D. Patel. 音乐、语言与脑［M］. 杨玉芳，蔡丹超等，译. 上海：华东师范大学出版社，2012.

82. ［美］E. 阿伦森. 社会性动物（第九版）［M］. 邢占军，译. 上海：华东师范大学出版社，2013.

83. ［美］D.M. 巴斯. 进化心理学（第二版）［M］. 熊哲

宏，张勇，晏倩，译．上海：华东师范大学出版社，2013．

84．［奥］阿德勒．理解人性［M］．汪洪澜，译．北京：中国城市出版社，2012．

85．［美］莎伦·萨伊勒．身体语言的妙用［M］．张奇，译．北京：北京师范大学出版社，2013．

86．［美］托尼娅·瑞曼．身体语言的力量［M］．洪友，译．天津：天津社会科学院出版社，2008．

87．［英］休·莫里森．表演技巧［M］．胡博，译．北京：中国戏剧出版社，2003．

88．［墨］费雷尔．色彩的语言［M］．归溢等，译．南京：译林出版社，2003．

89．［美］W.J.T. 米歇尔．图像理论［M］．陈永国，胡文征，译．北京：北京大学出版社，2006．

90．［澳］约翰·特纳等．自我归类论［M］．杨宜音，王兵，林含章，译．北京：中国人民大学出版社，2011．

91．［美］爱德华·霍尔．无声的语言［M］．刘建荣，译．上海：上海人民出版社，1991．

92．［美］斯蒂芬·李特约翰．人类传播理论［M］．史安斌，译．北京：清华大学出版社，2004．

93．［美］艾尔·巴比．社会研究方法［M］．邱泽奇，译．北京：华夏出版社，2000．

94．［美］傅高义．邓小平时代［M］．冯克利，译．香港：

香港中文大学出版社，2012.

95. ［法］米耶热. 传播思想［M］. 陈蕴敏，译. 南京：江苏人民出版社，2008.

96. ［美］费正清. 观察中国［M］. 傅光明，译. 北京：世界知识出版社，2002.

97. ［美］理查德·韦斯特，林恩·H. 特纳. 传播理论导引：分析与应用（第二版）［M］. 刘海龙，译. 北京：中国人民大学出版社，2007.

98. ［法］皮埃尔·布迪厄，［美］汉斯·哈克. 自由交流［M］. 桂裕芳，译. 北京：三联出版社，1997.

99. ［美］塞缪尔·亨廷顿. 变革社会中的政治秩序［M］. 李盛平，译. 北京：华夏出版社，1988.

100. ［美］塞缪尔·亨廷顿. 文明的冲突与世界秩序的重建（第三版）［M］. 周琪，译. 北京：新华出版社，2002.

101. ［美］特里·K. 甘布尔等. 有效传播［M］. 熊婷婷，译. 北京：清华大学出版社，2005.

102. ［美］哈罗德·D. 拉斯韦尔政治学［M］.. 杨昌裕，译. 北京：商务印书馆，2003.

103. ［美］彼得·R. 芒戈（Peter R. Monge）等. 传播网络理论［M］. 陈禹，刘颖等，译. 北京：中国人民大学出版社，2009.

104. ［美］彼德斯. 交流的无奈——传播思想史［M］. 何

道宽，译．北京：华夏出版社，2003.

## 三、中文期刊

105. 喻国明．网络群体性事件：起因、缘由和解决之道 [J]．中关村，2010，84（5）：90 - 91.

106. 韩运荣，喻国明．舆论在社会生活中的角色扮演与功用 发挥 [J]．现代传播，2005，132（1）：54 - 58.

107. 杜骏飞．网络群体事件的类型辨析 [J]．国际新闻界， 2009，7：76 - 80.

108. 刘久林．当代社会心理学中"勒温传统"的内涵及影响 [J]．菏泽学院学报，2005，3：88 - 92.

109. 申永荷．论勒温心理学中的动力 [J]．心理学报， 1991，3：306 - 312.

110. 王战军．群体性事件的界定及其多维分析 [J]．政法学 刊，2006，23（5）：9 - 13.

111. 张爱军．群体性事件概念之名实辨析 [J]．社会科学论 坛，2010，13：167 - 173.

112. 康均心，马力．群体性事件：一个犯罪学应该关注的前 沿问题 [J]．法学评论，2002，112（2）：51 - 56.

113. 朱力．中国社会风险解析——群体性事件的社会冲突性 质 [J]．学海，2009，（1）：69 - 78.

114. 冯江平. 国外对群体团结性及其测量研究评述 [J]. 河北师范大学学报, 1989, 1: 106 – 110.

115. 于建嵘. 中国的社会泄愤事件与管治困境 [J]. 当代世界与社会主义, 2008, 1: 4 – 9.

116. 于建嵘. 当前我国群体性事件的主要类型及其基本特征 [J]. 中国政法大学学报, 2009, 6: 114 – 120.

117. 庄勇, 杨文波, 闫翅鲲. 欠发达地区农村突发性群体事件成因及对策分析 [J]. 贵州大学学报 (社会科学版), 2005, 23 (3): 58 – 63.

118. 陈潭, 黄金. 群体性事件多种原因的理论阐释 [J]. 政治学研究, 2009, 6: 54 – 61.

119. 石玉昌, 陈冬, 陈周宁. 新时期城市突发性群体事件探究 [J]. 网络财富, 2009, 4: 32 – 34.

120. 杨久华. 关于当代我国网络群体事件的研究 [J]. 北京青年政治学院学报, 2009, 18 (3): 75 – 80.

121. 李佳源. 情感计算的研究现状与认知困境 [J]. 自然辩证法通讯, 2012, 198 (2): 23 – 28.

122. 王志良. 人工心理与人工情感 [J]. 智能系统学报, 2006, 1: 38 – 43.

123. 王国江, 王志良, 杨国亮, 王玉洁, 陈锋军. 人工情感研究综述 [J]. 计算机应用研究, 2006, 11: 7 – 11.

124. 曹河圻, 朱元贵, 董尔丹. 科学基金重视神经环路领域

的基础研究 [J]. 中国科学基金, 2013, 1: 11 – 17.

125. 吴伟国, 孟庆梅, 曲建俊. 情感建模方法研究 [J]. 哈尔滨工业大学学报, 2010, 42 (9): 1388 – 1393.

126. 滕少冬, 王志良, 王莉, 等. 基于马尔可夫链的情感计算建模方法 [J]. 计算机工程, 2005, 5: 17 – 19.

127. 杨宏伟, 潘志庚, 刘更代. 一种综合可计算情感建模方法 [J]. 计算机研究与发展, 2008, 45 (4): 579 – 587.

128. 杨亮, 林鸿飞, 王宇轩, 许侃. 中西思维模式对于情感倾向性的影响 [J]. 计算机科学, 2012, 39 (10): 203 – 208.

129. 王上飞, 王煦法. 基于大脑情感回路的人工情感智能模型 [J]. 模式识别与人工智能, 2007, 20 (2): 167 – 171.

130. 宋亦旭, 贾培发. 基于人工情感的拟人机器人控制体系结构 [J]. 机器人, 2004, 26 (6): 491 – 495.

131. 徐琳宏, 林鸿飞. 认知视角下的文本情感计算 [J]. 计算机科学, 2010, 37 (12): 182 – 185.

132. 温万惠, 邱玉辉, 刘光远, 程南璞, 黄希庭. 情感生理反应样本库的建立与数据相关性分析 [J]. 中国科学, 2011, 41 (1): 77 – 89.

133. 祝宇虹, 魏金海, 毛俊鑫. 人工情感研究综述 [J]. 江南大学学报 (自然科学版), 2012, 11 (4): 497 – 504.

134. 连淑能. 论中西思维方式 [J]. 外语与外语教学, 2002, 155 (2): 40 – 48.

135. 陈吟. 想象在广播文艺中的地位和作用 [J]. 现代传播, 1985, 2: 51 - 55.

136. 燕良轼, 陈健, 王雅倩. 中国古代文论中的想象论 [J]. 心理科学, 2010, 33 (3): 761 - 764.

137. 雷德鹏. 论休谟想象学说的内在张力 [J]. 现代哲学, 2006, 3: 108 - 113.

138. 张军军. 试析播音中的情感交流 [J]. 海南广播电视大学学报, 2009, 34 (1): 44 - 47.

139. 赵婧, 苏彦捷. 回忆过去和想象将来时谈及他人与心理理论的关系 [J]. 应用心理学, 2009, 15 (1): 10 - 16.

140. 陈力丹, 王亦高. 论音乐传播 [J]. 山西大学学报 (哲学社会科学版), 2008, 31 (1): 123 - 127.

141. 陈力丹. 论孔子的传播思想——读吴予敏《无形的网络——从传播学角度看中国传统文化》 [J]. 新闻与传播研究, 1995, 1: 2 - 9.

142. 陈力丹, 王亦高. 论图文关系的历史变迁——以柏拉图式的图文观为先导 [J]. 现代传播, 2008, 153 (4): 14 - 17.

143. 任悦. 数字时代视觉表征的变化——对 "我们: 数码相机记录的影像生活" 摄影比赛作品的内容分析 [J]. 国际新闻界, 2007, 2: 16 - 20.

144. 张杰. 读图时代对网络舆论生成与特征的影响 [J]. 新闻界, 2011, 9: 63 - 66.

145. 埃莱娜·若费. 视觉资料的力量：说服、情感与认同 [J]. 陈源，译. 第欧根尼，2008，2：105-115.

146. 周宪. "读图时代"的图文"战争" [J]. 文学评论，2005，6：136-144.

147. 李忱. "读图时代"的图形语言分析 [J]. 设计艺术，2013，1：97-100.

148. 刘冬梅. "读图时代"与受众的读图心理研究 [J]. 重庆教育学院学报，2009，22（4）：90-92.

149. 沈靖. 音乐治疗及其相关心理学研究述评 [J]. 心理科学 2003，26（1）：176-177.

150. 庄元. 物理与音乐共鸣 声波为科学交响——当代中国音乐声学研究述要 [J]. 中国音乐学，2005，2：113-121.

151. 赵志奇. 大众音乐传播的社会心理观照探究 [J]. 现代传播，2011，177（4）：66-70.

152. 平啸. 音乐的起源及其政治作用和审美功能 [J]. 学海，2001，5：153-158.

153. 李哲洋. 谈"音乐的起源说" [J]. 中国音乐，1991，2：46-47.

154. 余皓. 简论荀子的礼乐教化思想 [J]. 黄钟（武汉音乐学院学报），2000，2：90-94.

155. 郑敏. 从音乐奖项格局中看中国流行音乐发展之属性 [J]. 黄钟（武汉音乐学院学报），2005，2：125-130.

156. 张浩. 议流行音乐的教化功能及其异化 [J]. 中国音乐学, 2006, 3: 117 - 120.

157. 杨永林. 色彩语码研究一百年 [J]. 外语教学与研究, 2003, 35 (1): 40 - 46.

158. 杨永林. 色彩语码研究——进化论与相对论之争 [J]. 外语教学与研究, 2000, 35 (3): 190 - 195.

159. 杨永林. 社会语言学与色彩语码研究 [J]. 现代外语, 2002, 25 (4): 331 - 341.

160. 王文娟. 论儒家色彩观 [J]. 美术学, 2004, 10: 89 - 91.

161. 陈彦青. 中国色彩系统观念建构一种——间色的转换 [J]. 新美术, 2013, 4: 55 - 63.

162. 彭吉象. 电影审美心理的奥秘 [J]. 当代电影, 1989, 4: 30 - 40.

163. 黄子岚, 张卫东. 神经美学: 探索审美与大脑的关系 [J]. 心理学科进展, 2012, 20 (5): 672 - 681.

164. 王世德. 探究审美生理基础的重大贡献——评黎乔立的《审美新假说》[J]. 学术研究, 1994, 1: 114 - 118.

165. 李文斌. 悲剧和悲剧美 [J]. 忻州师范学院学报, 2006, 22 (1): 10 - 13.

166. 张永清. 论作为艺术作品的审美对象的交互主体性 [J]. 人文杂志, 2006, 5: 75 - 80.

167. 周启光. 论证美（美感）就是快感 [J]. 美与时代, 2008, 11: 23-26.

168. 刘成纪. 中国美学与农耕文明 [J]. 郑州大学学报（哲学社会科学版）, 2010, 5: 7-10.

169. 尤西林. 审美共通感的社会认同功能 [J]. 文学评论, 2004, 4: 16-20.

170. 张志君. 电波媒体与心理战——两次海湾战争中交战双方对广播电视的利用 [J]. 当代电视, 2003, 7: 70-71.

171. 范靖国. 广播与战争 [J]. 国际新闻界, 1993, Z1: 85-86.

172. 刘佩, 王明亮. 延安新华广播电台在解放战争中的宣传技巧 [J]. 中国记者, 2012, 7: 92-93.

173. 李醒民. 科学探索的动机或动力 [J]. 自然辩证法通讯, 2008, 173 (1): 33-34.

174. 陆亨. 使用与满足：一个标签化的理论 [J]. 国际新闻界, 2011, 2: 11-18.

175. 张莹瑞, 佐斌. 社会认同理论及其发展 [J]. 心理科学进展, 2006, 14 (3): 475-480.

176. 杨宜音. 关系化还是类别化：中国人"我们"概念形成的社会心理机制探讨 [J]. 中国社会科学, 2008, 4: 148-159.

177. 金盛华, 辛志勇. 中国人价值观研究的现状及发展趋势 [J]. 北京师范大学学报（社会科学版）, 2003, 177 (3):

56 - 64.

178. 周晓虹. 认同理论：社会学与心理学的分析路径 [J]. 社会科学, 2008, 4：46 - 53.

179. 张奇勇, 卢家美. 情绪感染的概念与发生机制 [J]. 心理科学进展, 2013, 21 (9)：1596 - 1604.

180. 薛婷, 陈浩, 乐国安, 姚琦. 社会认同对集体行动的作用 [J]. 心理学报, 2013, 45 (8)：899 - 920.

181. 吴宝沛, 张雷. 妒忌：一种带有敌意的社会情绪 [J]. 心理科学进展, 2012, 20 (9)：1467 - 1478.

182. 邹利斌, 孙江波. 在 "本土化" 与 "自主性" 之间——从 "传播研究本土化" 到 "传播理论的本土贡献" 的若干思考 [J]. 国际新闻界, 2011, 12：60—66.

183. 黄旦, 丁未. 传播学科 "知识地图" 的绘制和建构——20 世纪 80 年代以来中国大陆传播学译著的回顾 [J]. 现代传播, 2005, 2：23—30.

184. 吴飞. 传播学研究的自主性反思 [J]. 浙江大学学报 (人文社会科学版), 2009, 2：121 - 128.

185. 杨保军. 试论新闻传播规律 [J]. 国际新闻界, 2005, 1：59 - 65.

186. 胡翼青. 传播研究本土化路径的迷失——对 "西方理论, 中国经验" 二元框架的历史反思 [J]. 现代传播, 2011, 4：43 - 39.

187. 刘海龙. 从受众研究看"传播学本土化"话语［J］. 国际新闻界，2008，7：5－10.

188. 郑保卫. 浅谈传播学的学术定位与学科发展——一个新闻学者的传播学观察［J］. 国际新闻界，2007，9：31－35.


## 四、外文书刊


189. 辻三郎. 感性の科学——感性情報処理へのアプローチ［M］. 東京：サイエンス社，1998.

190. 長町三生. 感性工学［M］. 神戸：海文堂，1989.

191. 一松信，村岡洋一監修. 日本学際会議編：感性と情報処理［M］. 東京：共立出版，1993.

192. 吉川左紀子，益谷真，中村真（編）. 顔と心——顔の心理学入門［M］. 東京：サイエンス社，1993.

193. 往住彰文. 願望の理解のメカニズム［J］. 日本認知科学会第 12 回大会発表論文集，1999.

194. 伊藤正男ほか（編）. 講座認知科学第 6 巻：情動［M］. 東京：岩波書店，1994.

195. 井口征士. 感性情報処理が目指すもの［J］. 情報処理，1994，35（9）.

196. 岩宮真一郎. 視覚と聴覚の相互作用に及ぼす音響再生系の音質の影響—オーデイオ信号に帯域制限を加えた場合

［J］．JAS journal，1993，33（2）．

197. 八村広三郎，英保茂．絵画における感性情報の抽出—背景色と主要色の抽出［J］．情報処理学会「人文科学とコンピュータ」研究会資料［J］．1994，24（2）．

198. 芥川也寸志．音楽の基礎［M］．東京：岩波書店，1971．

199. 藤原健，大坊郁夫．感情が会話行動に与える影響及び相手の感情による調整効果［J］．感情心理学研究，2012，12（2）．

200. 小森めぐみ，村田光二．音声呈示された状況情報からの自発的感情推論［J］．感情心理学研究，2012，12（2）：60 – 67．

201. Berlin，M. H. Color vision and color naming：A psychophysiological hypothesis of cultural difference［J］．Psychological Bulletin，1973，80（4）：257 – 285．

202. Berlin，M. H. The influence of visual perception on culture［J］．American Anthropologist，1975，77（4）：774 – 798．

203. Kienan，V. Brains at work：researchers use new techniques to study how humans think［J］．The Chronicle of Higher Education，1998，44：16 – 17．

204. McNeill，N. B. Colour and colour terminology［J］．Journal of Linguistics，1972，8（1）：21 – 33．

205. Kawabata, H. , Zeiki, S. Neural correlates of beauty [J]. Journal of Neurophysiology, 2004, 91: 1699 – 1705.

206. Millis, K. Making meaning brings pleasure: The influence of titles on aesthetic [J]. Emotion, 2011, 1: 320 – 329.

207. Silvia, P. J. Cognitive appraisals theory of aesthetic emotions [J]. Empirica Studies of the Arts, 2005, 23: 119 – 133.

208. Zajonc, R. B. Feeling and thinking: Preferences need no inferences [J]. American Psychologist, 1980, 35 (2): 151 – 175.

209. Buunk, A. P. , Gibbons, F. X. Social comparison: The end of a theory and the emergence of a field [J]. Organizational Behavior and Human Decision Processes, 2007, 102: 3 – 21.

210. Chida, Y. , Steptoe, A. The association of anger and hostility with future coronary heart disease [J]. Journal of the American College of Cardiology, 2009, 39 (9): 2128 – 2173.

211. Cohen – Charash, Y. Episodic envy [J]. Journal of Applied Social Psychology, 2009, 39 (9): 2128 – 2173.

212. Bartels, A. , Zeki S. The neural basis of romantic love [J]. Neuroreport, 2000, 11: 3829 – 3833.

213. Bush G, Luu P, Posner M I. Cognitive and emotional influences in anteriorcingulated cortex [J]. Trends Cognit Sci, 2000, 4: 215 – 222.

214. Cacioppo J T. Feelings and emotions: roles for electrophysio-

logical markers [J]. Biological Psychology, 2004, 67: 235 – 243.

215. Candace B., A Cognitive theory of music meanings [J]. Journal of Music Theory, 2000, 44 (2): 323 – 325.

216. Cuddy, A. J. C., Fiske, S. T., Glick. P. The BIAS Map: Behaviors from intergroup affect and stereotypes [J]. Journal of Personality and Social Psychology, 2007, 94 (4): 631 – 648.

217. Festinger, L. A theory of social comparison processes [J]. Human Relations, 1954, 7: 117 – 140.

218. Barsade, S. G. The ripple effect: Emotional contagion and its influence on group behavior [J]. Administrative Science Quarterly, 2002, 47: 644 – 675.

219. Barsade, S. G., Ward, A. J., Turner, J. D. F., Sonnenfeld, J. A. To your heart's content: A model of affective diversity in top management teams [J]. Administrative Science Quarterly, 2000, 45: 802 – 836.

220. Bono, J. E., Ilies, R. Charisma, positive emotions and mood contagion [J]. The Leadership Quarterly, 2006, 17: 317 – 334.

221. Cote, S. A social interaction model of the effects of emotion regulation on work strain [J]. Academy of Management Review, 2005, 30 (3): 509 – 530.

222. Doherty, R. W. The emotional contagion Scale: A Measure of Individual Differences [J]. Journal of Nonverbal Behavior, 1997,

21 (2): 131 - 54.

223. Ekman, P. An argument for basic emotion [J]. Cognition and emotion, 1993, 6: 169 - 200.

224. Adolphs, R. Cognitive neuroscience of human socialbehavior [J]. Nature Reviews Neuroscience, 2003, 4: 165 - 178.

225. Barsade, S. G. The ripple effect: Emotional contagion and its influence on group behavior [J]. Administrative Science Quarterly, 2002, 47 (4): 644 - 675.

226. Dapretto, M. Davies, M. S., Scott, A. A, Understanding emotions in others: Mirror neuron dysfunction in children with autism spectrumdisorders [J]. Nature Neuroscience, 2006, 9: 28 - 30.

227. Ward, R. D., Marsden, P. H. Affective computing: problems, reactions and intentions [J]. Interacting with Computer, 2004, 16 (4): 707 - 713.

228. Nahl, D. Affective computing [J]. Information Processing & Management, 1998, 43 (4): 510 - 512.

229. Oudeyer, P. Y., The Produciton and Recognition of Emotions in Speech Features and Algorithms [J]. Human - Computer Studies, 2003, 59 (12): 157 - 183.

230. Capella, J. N., S. Planalp., Talk and Slience Sequences in Informal Conversations [J]. Human Communications Research, 1981, 7: 117 - 132.

# 后　记

谨将此书献给已离开我近八年的爷爷！

逝者已去，精神长存！